스크래치 주니어 퀘스트

이재호 교수의

사고력 코딩

이재호, 장준형, 백승욱, 홍윤선 지음

도서출판 홍릉

저자 약력

이재호(경인교육대학교 컴퓨터교육과 교수)

이재호교수는 1989년부터 1996년까지 한국전자통신연구원(ETRI : Electronic & Telecommunication Research Institute)의 선임연구원으로 재직하였으며, 1996년부터 국립 경인교육대학교 컴퓨터교육과에 재직 중이다. 이후 국내 컴퓨터교육과 영재교육 분야에서 왕성한 활동을 하면서 데이터베이스 시스템 총론 등 60여 권의 서적을 저술하였으며, 컴퓨터교육, 정보과학영재교육, 발명영재교육, 융합영재교육 등의 분야에서 300여 편의 학술논문을 발표하였다. 2004년 국내 최초로 현직교사 및 예비교사를 대상으로 하는 전국 교육대학 원격교육연수지원센터의 설립을 주도한 후 초대 센터장을 역임하였으며, 2011년에는 경인교육대학교 부설 융합영재교육연구소(Academy for Convergence : ACE)를 설립한 후 소장으로 활동 중이고, 2014년에는 창의적인 정보문화 환경을 조성하기 위하여 사단법인 한국창의정보문화학회를 창립한 후 학회장으로 활동 중이다. 2020년부터 2022년까지는 국내 정보교육 분야에서 최고의 권위를 자랑하는 사단법인 한국정보교육학회 회장으로 활동하였고, 2020년부터는 국내외 영재교육을 선도하는 사단법인 한국영재학회의 회장으로도 활동 중이다. 2022년부터는 경인교육대학교 부총장겸 교육전문대학원장으로 봉사하고 있다. 현재는 소프트웨어 및 인공지능(AI) 기반의 융합형 교육 프로그램, 실생활과 연계된 SW/AI 코딩 교육 프로그램 등을 연구하고 관련 콘텐츠를 개발 중이다. 대표적인 저서로는 '이재호교수의 사고력 코딩 시리즈'와 '생활 속 ICT의 발견', '생활 속 SW 코딩의 발견 ① –신호등 SW–', '생활 속 SW 코딩의 발견 ② –자동판매기 SW–', '컴퓨터랑 코딩해' 등이 있다.

장준형

장준형선생은 1999년 교직에 입문하여 현재 오마초등학교에 근무하는 초등교사다. 경인교육대학교에서 초등컴퓨터교육학 박사학위를 취득하였고 사단법인 한국창의정보문화학회 교사연구회 위원장으로서 쉽고 재미있게 SW AI교육을 가르치는 방법을 연구하고 있다. 다양한 SW AI교육 교재와 학술논문 등을 발표하였다.

백승욱

백승욱선생은 2007년 교직에 입문하여 현재 송우초등학교에서 근무하는 교사다. 현재 경인교육대학교 교육대학원에서 컴퓨터교육 박사과정에 재학 중이다. 다년간 영재학급 지도 및 소프트웨어교육 수업 경험을 갖고 있으며, 'CSI창의융합코딩' 시리즈와 '스크래치 3.0 퀘스트 이재호 교수의 사고력 코딩', 엔트리 AI 퀘스트 이재호 교수의 사고력 코딩' 등 저서에 참여하였다.

홍윤선

홍윤선선생은 2017년 교직에 입문하여 현재 안양신기초등학교에 근무하는 초등교사다. 경인교육대학교에서 초등컴퓨터교육학 석사학위를 취득하였고 경기도교육청 에듀테크활용 교수학습자료를 개발하는 등 학생과 교사를 위한 SW, AI 교육을 연구하고 있다.

Preface

이재호교수의 사고력 코딩(스크래치 주니어) 교재를 출간하면서...

이 책은 '이재호교수의 사고력 코딩' 교재 중 세 번째로 출간되는 시리즈다. 첫 번째 시리즈는 '스크래치 3.0'의 출시에 맞추어 출간하였고, 두 번째 시리즈는 인공지능(Artificial Intelligence: AI) 교육의 중요성을 인식하고 본격적인 AI 교육이 시작되는 시점에 출간하였으며, 이번에 출간하는 세 번째 시리즈는 코딩에 입문하는 아이들에게는 정말 쉬운 교재가 필요하다는 사실을 인지하고서 출간하게 되었다.

저자들은 우리 아이들의 코딩 입문서는 첫 번째로 출간했던 '이재호교수의 사고력 코딩(스크래치 3.0 퀘스트)'이면 충분할 것으로 생각했었다. 그러나 코딩에 입문하는 아이들의 연령대가 낮아지고 있어 좀 더 쉽게 코딩에 입문할 수 있는 교재의 필요성을 느끼게 되었다. 이런 상황에서 스크래치 주니어(Scratch Jr.)가 저자들의 요구사항을 충족할 수 있는 언어임을 확신하고 작업을 시작하였다.

저자들은 본 교재를 이용하는 독자들이 『언플러그드 사고력 코딩 역량』을 계발할 수 있도록 책을 구성하고 집필하였다. 이를 위하여 전작 시리즈와 마찬가지로 게임의 퀘스트(Quest) 형식을 적용하였다. 본서의 주인공인 '수지'는 전작의 주인공이었던 '제이'의 동생이다. 독자들은 '수지'와 '지우'가 코딩 대학교에서 개최하는 코딩 캠프에 참여하기 위해서 대학교를 방문했다가 예기치 않은 문제 상황을 만나고, 이를 해결해 나가는 과정에서 자연스럽게 『언플러그드 사고력 코딩 역량』을 계발할 수 있도록 하였으며, 이 과정에서 '컴퓨팅 사고력' 계발에 도움을 줄 수 있는 다양한 기법들을 사용하였다.

본 교재를 마스터한 아이들은 '이재호교수의 사고력 코딩(스크래치 3.0 퀘스트)'을 공부할 수 있다. 이 과정에서 자연스럽게 '수지'의 오빠인 '제이'와 함께 퀘스트를 해결해 가면서 코딩 역량을 계발해 나갈 수 있을 것이다. 결과적으로 코딩의 난이도 측면과 스토리라인의 연결성 측면에서는 이번에 출간하는 교재가 '이재호교수의 사고력 코딩' 시리즈 중 첫 번째 단계 역할을 담당한다.

미래세대들은 『언플러그드 사고력 코딩』 역량이 있어야 경쟁력을 갖추게 된다. 이것은 훈련을 통하여 발전시킬 수 있다. 미래세대들에게 『언플러그드 사고력 코딩』 훈련을 시행한다면, 그들은 자연스럽게 21세기 핵심 역량으로 인식되는 '컴퓨팅 사고력'을 계발함으로써 경쟁력을 갖추게 될 것이다.

본 교재는 (사)한국창의정보문화학회(http://www.3c.or.kr)의 '창의메이커교육연구회'에 소속된 현직 초등학교 교사들의 작품이다. 작품 구상은 '이재호교수의 사고력 코딩(엔트리 AI 퀘스트)'의 출판 후인 2022년 가을에 시작하였으며, 초고 집필 후에 학교 현장에서의 적용과 학생들의 반응을 종합하는 과정을 거쳤기 때문에, 이제야 출간하게 되었다. 처음으로 소프트웨어 코딩을 접하게 되는 학생들을 주요 대상으로 하였기에, 진정한 코딩 초보자들도 걱정할 필요가 없다. 『언플러그드 중심의 사고력 코딩』 교육을 통하여 학생들은 자연스럽게 문제해결력과 창의성을 배양하여 21세기 창의인재로 커나갈 것이다. 본 교재가 미래세대인 학생들의 '컴퓨팅 사고력' 계발에 도움이 되기를 기대한다. 그리고 다음 단계의 교육과정도 곧 출간할 것을 약속하면서, 독자 여러분들의 지속적인 관심과 성원을 기대한다.

2023년 8월 **대표 저자 이재호**

((사)한국창의정보문화학회 회장, 경인교육대학교 컴퓨터교육과 교수)

CONTENTS

Opening 여기 어디? 넌 누구? 6

STAGE 1

Quest 00 태블릿 사용하기 8

Quest 01 알고리즘이 뭐라고? 12

Quest 02 스크래치 쥬니어 만나기 18

STAGE 2

Quest 03 그림을 표현해요 26

Quest 04 캐릭터를 만들어요 34

Quest 05 이렇게 작동한다고? 42

Quest 06 캐릭터를 움직여라 50

STAGE 3

Quest 07 내소리 들리나요? 58

Quest 08 스파이 대작전 1 66

Quest 09 스파이 대작전 2 76

STAGE 4

Quest 10 내친구는 어디에? 86

Quest 11 별을 잡아라! 1 94

Quest 12 별을 잡아라! 2 102

STAGE 5

Quest 13 술래잡기 할래? 114

Quest 14 미로탈출 1 124

Quest 15 미로탈출 2 132

Ending 드디어 탈출! 142

CHARACTER

수지

컴퓨터와 코딩에 대해서 하나도 모르던 평범한 초등학생, 호기심이 많으며 춤과 음악을 좋아함.

지우

수지와 매일 다투는 같은 반 짝궁이지만 사실은 수지를 조금 좋아하고 있을 수도. 만화책과 애니메이션을 좋아함.

이재호 교수

경인교육대학교 교수이며 소프트웨어 코딩에 관해서 모르는 것이 없음. R&D연구실에 갇혀버린 수지와 지우가 탈출할 수 있도록 도와줌.

담임선생님

코딩캠프를 왔다가 사라져 버린 아이들을 찾고 있음.

OPNEING 여긴 어디? 넌 누구?

아, 시원하다.
쏴-
뭐야, 열리지 안잖아!
뭐야, 왜 안 열리지?
ㅋㅋㅋ
ㅋㅋ
딱
덜컹
덜컹
어떡하지? 선생님께 전화 해야겠다!
뭐야!
쾅
앗, 깜짝이야!
선생님, 저희가 이상한 건물에 갇혔어요. 엉엉~
뭐라고? 갇혔다고? 안 열려?
헐
그래, 선생님이 열어 줄테니 걱정하지 마라!
여보세요? 여보세요?
잉, 이게…
여보세요? 김띵똥 선생님?
교수님, 지금 학생들이 R&D 센터 건물에 갇혔는데 열리지가 않아서요. 방법이 없을까요?
내려가볼테니 잠시 기다려주세요.
뭔가 알 수 없는 이유로 보안 장치가 작동하여 해제가 되지 않고 있습니다. 건물 밖에서는 해결할 수 없으니 안에 있는 아이들이 해결할 수밖에 없습니다.
어쩌죠?
… 이러해서 너희가 문제를 해결해야 탈출할 수 있겠구나. 할 수 있겠니?
…
물론이죠. 우리가 집에 가려면 해야 하는 수 밖에요.
불끈!

Quest 00 태블릿 사용하기

1 태블릿을 만나보아요.

코딩을 배울 때 사용할 태블릿을 만나봅시다. 어떻게 사용하면 될까요?

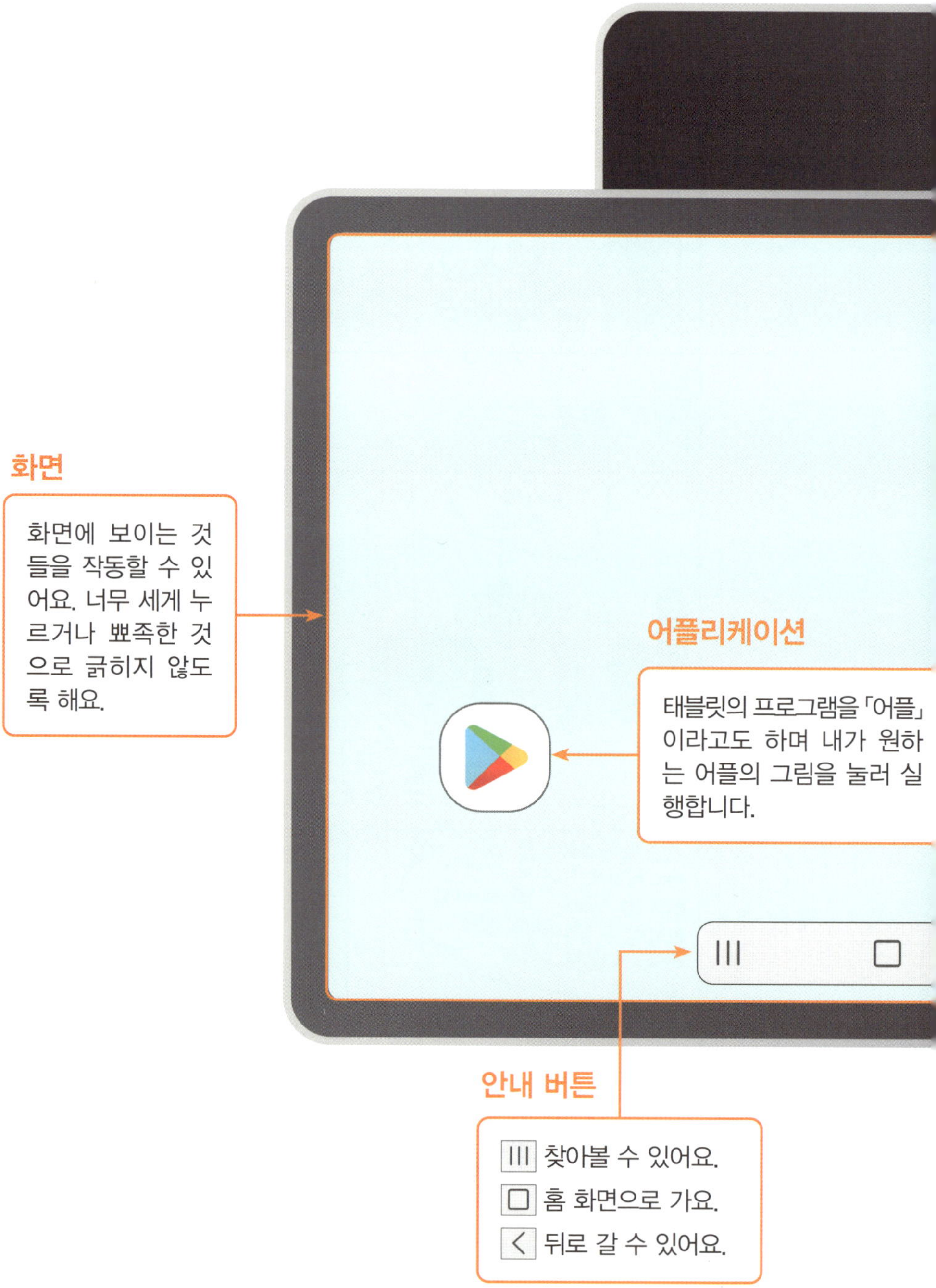

+ 태블릿 안전하게 사용하기

1. 떨어뜨리지 않기
2. 충전기를 꼽고 뺄 때는 조심히 하기
3. 부모님이나 선생님께 허락 받고 사용하기

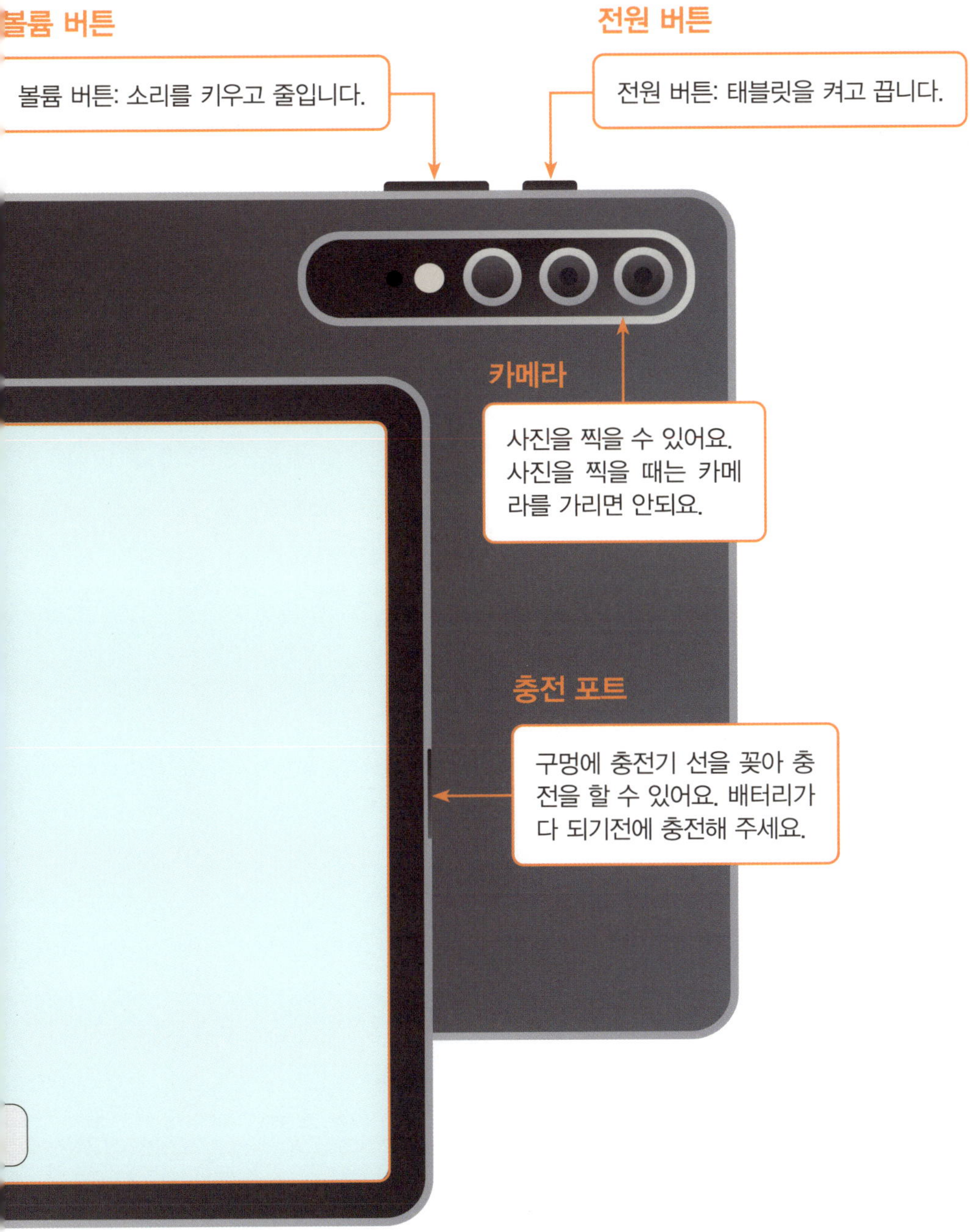
볼륨 버튼
볼륨 버튼: 소리를 키우고 줄입니다.
전원 버튼
전원 버튼: 태블릿을 켜고 끕니다.
카메라
사진을 찍을 수 있어요. 사진을 찍을 때는 카메라를 가리면 안되요.
충전 포트
구멍에 충전기 선을 꽂아 충전을 할 수 있어요. 배터리가 다 되기전에 충전해 주세요.

2 이것만은 지켜주세요.

- 너무 가까이 보지 않아요.
- 시간을 정해서 너무 많이 사용하지 않아요.
- 태블릿을 들고 다닐 때는 꼭 두 손으로 잡아요.
- 사용할 때는 반드시 앉아서 바른 자세로 사용해요.
- 아무 애플리케이션이나 함부로 설치하지 않아요.
- 다른 사람의 모습은 허락 없이 사진을 찍지 않아요.
- 사용 후에는 다음에 사용할 수 있게 충전해 놓아요.

+ 부모님이나 선생님과 태블릿 사용 규칙에 대해 이야기해 보아요.

마무리 퀴즈

태블릿을 켜고 끌 때 사용하는 버튼은 어떤 것일까요?

1. 볼륨 버튼
2. 안내 버튼
3. 전원 버튼
4. 카메라

+ 기억나지 않는다면 앞의 페이지를 다시 살펴봐도 괜찮아요.

내가 원하는 태블릿을 그려보세요.

화면이 두 개 달린 태블릿, 책상만큼 큰 태블릿 등 여러분이 갖고 싶은 신기한 태블릿을 그려보세요.

Quest 01 알고리즘이 뭐라고?

소프트웨어란?

컴퓨터나 휴대폰 같은 만질 수 있는 딱딱한 기계를 뜻하는 하드웨어랑 반대로 그 속에서 작동하는 컴퓨터나 휴대폰이 작동하도록 명령을 내리고 일을 시키는 프로그램을 말해요.

코딩이란?

우리가 컴퓨터에게 어떤 일을 시키기 위해서는 어떻게 할지 미리 알려줘야 해요. 컴퓨터가 일을 할 수 있도록 순서를 정해서 명령 코드로 쓰는 것을 코딩이라고 합니다.

아하! 그렇구나!
그런데 우리는 코딩을 못하는데요…
걱정 말아라. 코딩이라면 척척박사인 내가 하나씩 쉽게 가르쳐 줄테니.
우선 가까운 101호 강의실로 들어가자.
101호
교수님, 이제 뭘 하면 되죠?
두리번
두리번
책상 위에 태블릿과 활동지가 있을 거다. 그것들이 있으면 원숭이도 코딩 천재로 만들 수 있지.
ㅋㅋㅋ
헐…
이거다!
샤샥
얍!
우리는!
전설의 용사!
START

STAGE 1

Quest 01 알고리즘이 뭐라고?

1 코딩을 배우는 이유

◆ 「코딩」이란?

컴퓨터는 우리를 위해 여러 가지 일을 할 수 있습니다. 우리가 컴퓨터에게 어떤 일을 시키려면 어떻게 할지 정해서 명령을 해야 해요. 컴퓨터가 할 일을 정해서 명령어를 쓰는 것을 「**코딩**」이라고 해요.

✚ 컴퓨터는 우리를 위해서 계산도 하고 그림도 그리고 게임도 해줄 수 있어요.

출처 : 빙이미지크리에이터(https://www.bing.com/create, 입력어:체크리스트를 쓰는 어린이 손일러스트)로 생성한 이미지

◆ 「코딩」을 왜 배워요?

우리 생활 속에서 컴퓨터를 이용할 일이 정말 많아요. 이러한 일들을 잘 시키기 위해서는 컴퓨터처럼 생각해서 문제를 해결할 수 있어야 해요. 여러분은 「**코딩**」을 통해 컴퓨터처럼 생각하는 능력을 키울 수 있습니다. 거기에 더해 문제를 잘 해결하는 능력, 말이나 물건들을 연결해서 생각하는 능력, 새로운 것을 떠올리는 능력 등을 키울 수 있어요.

✚ 선생님이 성적을 처리할 때, 가게에서 계산할 때, 도서관에서 책을 빌릴 때와 같이 컴퓨터가 필요한 일은 많아요.

출처 : 빙이미지크리에이터(https://www.bing.com/create, 입력어:어린이 머릿 속에 컴퓨터가 들어가 있는 귀여운 일러스트)로 생성한 이미지

❷ 알고리즘 알아보기

샌드위치를 만들려면 어떻게 해야 할까요? 아래 샌드위치 만들기 과정에서 샌드위치를 만들기 위해 필요한 6개의 그림을 고르세요. 고른 그림들을 샌드위치 만들기 과정의 순서대로 번호를 써보세요.

❶ 접시 위에 빵 놓기

❷ 빵 위에 치약 바르기

❸ 춤추기

❹ 빵 위에 야채 올리기

❺ 야채 위에 햄 올리기

❻ 샌드위치를 먹기 좋은 크기로 자르기

❼ 햄 위에 소스 뿌리기

❽ 제일 위에 빵 덮기

❾ 샌드위치를 쓰레기통에 버리기

출처 : 빙이미지크리에이터(https://www.bing.com/create)로 생성한 이미지

✚ 컴퓨터로 원하는 것을 하기 위해서는 자세하게 하나 하나 순서대로 설명하는 명령이 필요해요.

✚ 어떤 일을 하는 과정을 순서에 따라 어떻게 하는지 만드는 것을「알고리즘」이라고 합니다.

③ 생활 속 알고리즘

우리 생활 속 다양한 활동들을 하는 과정을 알고리즘으로 써보세요.

양치질 하는 방법

1. 칫솔에 치약을 짠다.
2. 칫솔을 입 안에 넣는다.
3. 칫솔을 위 아래로 움직여 이를 닦는다.
4. 혀는 칫솔로 닦는다.
5. 칫솔을 빼고 물로 입 안을 헹군다.

1.
2.
3.
4.
5.

위에 쓴 방법 말고도 다양한 알고리즘을 우리 생활 속에서 찾아보세요.

마무리 퀴즈

우리 생활 속 다양한 활동들을 하는 과정을 알고리즘으로 써보세요.

컴퓨터로 할 수 있는 일이 아닌 것은 어떤 것일까요?

1. 복잡한 계산하기
2. 유튜브 영상 만들기
3. 컴퓨터 게임하기
4. 맛있게 점심 먹기

정리 낙서

읽고 해본 내용 중 생각나는 것을 낙서로 마음껏 그려보세요.

Quest 02 스크래치 주니어 만나기

저는 쌤 입니다
I'm Sam!
통역
컴퓨터는 사람과 다르게 0과 1로만 이루어진 말을 사용하기에 우리 명령을 통역해 줄 것이 필요하단다.
※ 통역은 서로 다른 말로 바꾸어 이야기해서 이해할 수 있도록 해주는 일입니다.
프로그래밍 언어
우리의 명령을 컴퓨터의 말로 바꾸어주는 것이 프로그래밍 언어이지.
우와 교수님이 설명하시니깐 이해가 금방 되는데요.
그러게 난 순간 내가 똑똑하다고 착각할뻔했어.
끄덕
그래서 여러분이 이제부터 배워서 사용할 프로그래밍 언어로 스크래치 주니어를 알아볼거야.
스크래치 주니어?
주니어라니 한국어, 일본어처럼 주니어를 배우면 되는 건가?
이제 태블릿을 가지고 하나씩 해보며 배워보도록 하자.
네
네!
후훗. 게임으로 갈고닦은 내 태블릿 다루는 실력을 보일 때가 되었군.
게임 실력은 우리반 꼴지로 알고 있는데...
그러면 스크래치 주니어를 만나러 가봅시다.

STAGE 1 2

Quest 02 스크래치 쥬니어 만나기

1 컴퓨터가 쓰는 말

우리가 불을 켜거나 끄는 것처럼 컴퓨터는 0(불 꺼진 전구 아이콘)과 1(불 켜진 전구 아이콘)로만 말 할 수 있습니다. 그러면 우리는 컴퓨터와 어떻게 말할 수 있을까요?

+
컴퓨터에 전기가 켜지면 1, 꺼지면 0

서로 다른 말을 바꾸어 이야기해줄 수 있어야 해요.

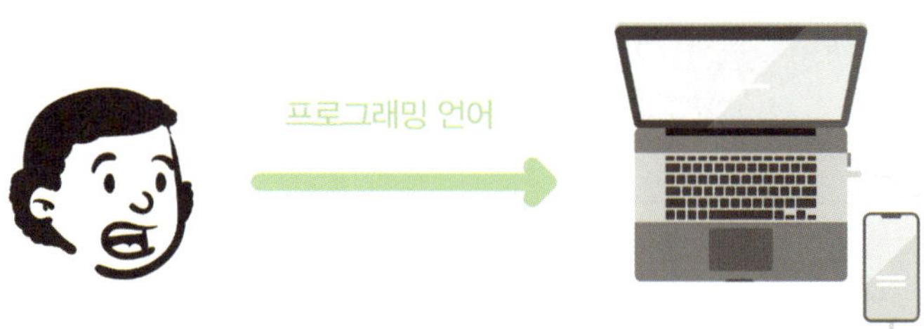

프로그래밍 언어라는 것은 이렇게 사람이 컴퓨터에게 명령을 내릴 수 있도록 이야기를 바꾸어주는 일을 합니다.

그러면 프로그래밍 언어 중 가장 사용하기 쉽고 재미있는 「**스크래치 주니어**」를 만나볼게요. 우린 스크래치 주니어로 무엇들을 할 수 있을까요? 기대해봐요!

+
프로그래밍과 코딩은 비슷한 말입니다.

2 스크래치 주니어 소개하기

◆ 「스크래치 주니어」란?

초등학생들도 프로그래밍을 배울 수 있도록 쉽고 간편하게 코딩할 수 있는 교육용 프로그래밍 언어입니다. 장난감 블록처럼 붙여서 코딩을 합니다.

+
스크래치 주니어는 「스크래치」라고 하는 형도 있어요.

3 스크래치 주니어 설치하기

1 안드로이드 → 플레이스토어 / iOS → 앱스토어 접속하기

휴대폰이나 태블릿에서 플레이스토어 또는 앱스토어를 눌러 접속합니다.

2 스크래치 검색 / 설치하기

+
검색 창 오른쪽 마이크 모양을 누르면 말로도 검색할 수 있어요.

앱 검색 창에서 '스크래치'라고 써서 검색하고 설치를 눌러주세요.

④ 스크래치 주니어 살펴보기

휴대폰이나 태블릿 화면에서 설치한「스크래치 주니어」를 눌러 시작해주세요.

①

②

③ 홈 화면에서「프로젝트 새로 만들기」를 눌러「스크래치 주니어 만들기」화면을 열어보세요.

④ 스크래치 주니어 만들기 화면에 어떤 것들이 있는지 살펴보세요.

+
[도움말]의 [사용 환경 안내]를 누르면 화면에 대한 설명을 볼 수 있어요.

① 저장하고 홈으로 나가기	⑨ 페이지
② 무대	⑩ 프로젝트 정보
③ 크게 보기	⑪ 되돌리기와 다시 하기
④ 네모 칸으로 보기	⑫ 코딩 쓰기
⑤ 배경 바꾸기	⑬ 코딩 칸
⑥ 글자 넣기	⑭ 블록 고르기
⑦ 캐릭터 다시 설정	⑮ 블록 종류
⑧ 시작 깃발	⑯ 캐릭터

+
이 책에서는 기존 번역된 내용을 초등학생 이용자에 맞게 수정하였습니다.

마무리 퀴즈

컴퓨터에게 명령을 내리기 위해 우리 말을 컴퓨터의 말로 바꾸어주는 것을 무엇이라고 할까요?

① 플레이스토어

② 태블릿

③ 프로그래밍 언어

④ 캐릭터

정리 낙서

읽고 해본 내용 중 생각나는 것을 낙서로 마음껏 그려보세요.

쉬는 시간

아래 글자들을 그림 속에서 찾아 ○표해보세요.

F I S H

Quest 03 그림을 표현해요

너희들도 컴퓨터나 휴대폰으로 그림, 사진을 본 적 있니?
당연하죠… 저는 매일 봐요.
찰칵!
찰칵!
죽을래!
끔찍한데!
하하하… 컴퓨터나 휴대폰에서 그림, 사진은 어떻게 저장하고 화면에서 볼 수 있을까?
스윽!
컴퓨터, 휴대폰 속에는 그림, 글, 동영상 게임 등 다양한 자료가 저장이 된단다. 이런 자료는 0과 1로 바뀌어 저장이 되지.
그림
동영상
게임
아! 컴퓨터는 0과 1밖에 모른다고 했었지!
그래서 0과 1로 저장을 하는구나! 그런데 어떻게 다시 0과 1을 그림으로 바꾸지?
그래서 이제부터 컴퓨터가 그림을 표현하는 방법을 배워보도록 하자. 우리가 스크래치 주니어에서 사용할 캐릭터를 그릴 때 그림의 표현 방법을 배우면 도움이 되거든.
빙그르~
좋아!
눈 크게 뜨고 보면 알 수 있을까?
야야야!
우와!
이야!

Quest 03 그림을 표현해요

1 컴퓨터가 그림을 표현하는 방법

컴퓨터는 점으로 그림을 그려요

여러분은 그림을 어떻게 그리나요? 우리는 색연필, 싸인펜, 크레파스, 감 등 다양한 도구를 이용해서 그림을 그립니다. 하지만 컴퓨터는 우리처럼 색연필, 싸인펜으로 그림을 그리지 않아요. 컴퓨터는 그림을 어떻게 그릴까요? 정답은 바로 점이에요.

+ 연필을 들어서 종이의 한 곳을 콕 찍어 보세요. 종이에 찍힌 작은 것을 바로 점이라고 합니다.

※출처 : flaticon.com (검색어 : c, magnifier)

컴퓨터에 저장된 그림이에요. 이 그림을 확대해 볼까요?

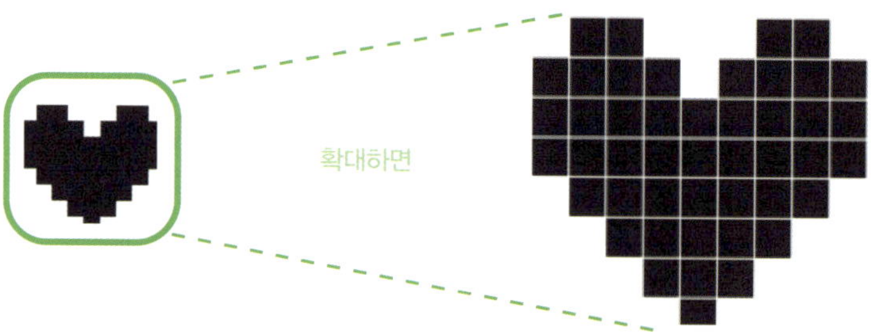

컴퓨터에서 표현하는 그림은 모두 점으로 이루어져 있습니다. 그렇다면 컴퓨터는 어떻게 점으로 그림을 표현할 수 있을까요?

지난 시간에 컴퓨터는 0(불 꺼진 전구 아이콘)과 1(불 켜진 전구 아이콘)로만 말할 수 있다고 배웠어요. 바로 컴퓨터는 숫자 0과 1로 점을 표현합니다. 점이 찍힌 자리는 0(불 꺼진 전구 아이콘), 점이 찍히지 않은 자리는 1(불 켜진 전구 아이콘)으로 나타냅니다.

※출처 : 빙이미지크리에이터(https://www.bing.com/create, 입력어:숫자 0을 귀여운 캐릭터로 표현, 숫자 1을 귀여운 캐릭터로 표현

② 컴퓨터처럼 그림 그리기

'코딩'이라는 글자에서 점들이 보이나요? 이 점을 컴퓨터는 0과 1로 표현을 합니다. 아래의 활동지에서 숫자 0이 적힌 곳을 모두 색칠해서 글자를 완성해 보세요.

1	1	1	1	1	1	1	1	1	1	1	1	1	1
1	0	0	0	0	0	1	0	0	0	0	1	0	1
1	1	1	1	1	0	1	0	1	1	1	1	0	1
1	0	0	0	0	0	1	0	0	0	0	1	0	1
1	1	1	1	1	0	1	1	1	1	1	1	1	1
1	1	1	0	1	1	1	1	0	0	0	0	1	1
1	1	1	0	1	1	1	0	1	1	1	1	0	1
1	0	0	0	0	0	1	1	0	0	0	0	1	1
1	1	1	1	1	1	1	1	1	1	1	1	1	1

이번에는 정답을 먼저 보여드리지 않아요. 여러분들이 직접 0과 1로만 표현된 것을 보고 컴퓨터처럼 그림을 완성해 보세요. 완성하면 어떤 그림이 나올까요?

1	1	1	1	1	1	1	1	1	1	1	1	1	1	1
1	0	0	1	1	1	0	0	0	0	0	0	0	1	1
1	0	0	1	1	1	0	0	1	1	1	0	0	1	1
1	0	0	1	1	1	0	0	1	1	1	0	0	1	1
1	0	0	1	1	1	0	0	1	1	1	0	0	1	1
1	0	0	1	1	1	0	0	1	1	1	0	0	1	1
1	0	0	1	1	1	0	0	1	1	1	0	0	1	1
1	0	0	0	0	0	0	0	1	1	1	0	0	1	1
1	0	0	0	0	0	0	0	1	1	1	0	0	1	1
1	1	1	1	1	1	1	1	1	1	1	1	1	1	1
1	1	1	1	1	1	1	1	1	1	0	0	0	1	1
1	1	1	1	1	1	1	0	0	0	1	1	1	1	1
1	1	1	1	0	0	0	1	1	1	1	1	1	1	1
1	0	0	0	1	1	1	1	1	1	1	1	1	1	1
1	0	0	0	1	1	1	1	1	1	1	1	1	1	1
1	1	1	1	0	0	0	1	1	1	1	1	1	1	1
1	1	1	1	1	1	1	0	0	0	1	1	1	1	1
1	1	1	1	1	1	1	1	1	1	0	0	0	1	1
1	1	1	1	1	1	1	1	1	1	0	0	0	1	1
1	1	1	1	1	1	1	0	0	0	1	1	1	1	1
1	1	1	1	0	0	0	1	1	1	1	1	1	1	1
1	0	0	0	1	1	1	1	1	1	1	1	1	1	1
1	0	0	0	1	1	1	1	1	1	1	1	1	1	1
1	1	1	1	0	0	0	1	1	1	1	1	1	1	1
1	1	1	1	1	1	1	0	0	0	1	1	1	1	1
1	1	1	1	1	1	1	1	1	1	0	0	0	1	1
1	1	1	1	1	1	1	1	1	1	1	1	1	1	1

정답은 SW입니다. SW는 소프트웨어(Software)를 알파벳으로 줄여서 나타낼 때 쓰는 말입니다.

글자가 잘 보이지 않는다고요? 그림을 돌려보세요.

마무리 퀴즈

컴퓨터는 그림을 어떻게 그리나요?

숫자 [ ] 과 숫자 [ ] 을 이용해서 [ ] 으로 그림을 그립니다.

정리 낙서

네모칸을 채워 자신이 표현하고 싶은 그림을 마음껏 만들어보세요.

Quest 4 캐릭터를 만들어요

스크래치 주니어에서 무엇인가 만들 때 너희가 필요한 캐릭터를 스스로 만들 수 있어야 한단다.
좋아! 엄마를 닮아서 내가 그림에 소질이 있다는 소리는 좀 들었지.
그래도 나에게는 안될걸. '뽀로로'부터 시작하여 인생의 대부분을 애니메이션과 함께한 내 실력을 보여주지!
ㅋㅋ
ㅋㅋ
좋아! 대결이다!
으르렁~
하하하. 캐릭터를 만드는 것은 누가 더 잘하는지 싸울 필요가 없단다.
캐릭터를 만들려면 어떤 것부터 해야 할까요?
우선 캐릭터를 어떻게 만들지 생각을 해서 손으로 먼저 그려보고 그것을 스크래치에서 그림판으로 만들어 보도록 하자!
슥
슥
그림판이요?
그래. 스크래치 주니어에서 그림을 그리기 위한 도구지. 그래서 그림판을 사용하는 방법도 알아야 하겠지.
그럼, 캐릭터를 만들어 볼까?
네~

STAGE 2 · 4

Quest 04 캐릭터를 만들어요

1 캐릭터 추가하기

◆ 캐릭터는 무엇일까요?

스크래치 주니어의 배경 위에서 움직이는 사람이나 동물, 물건들을 모두 캐릭터라고 합니다.

+ 태블릿 PC에서 스크래치 주니어 아이콘을 클릭해서 스크래치 주니어를 실행합니다.

◆ 캐릭터를 추가해봐요

1 스크래치 주니어를 실행한 뒤, ⊕ 아이콘을 클릭해서 스크래치 새 프로젝트를 만들어 보세요.

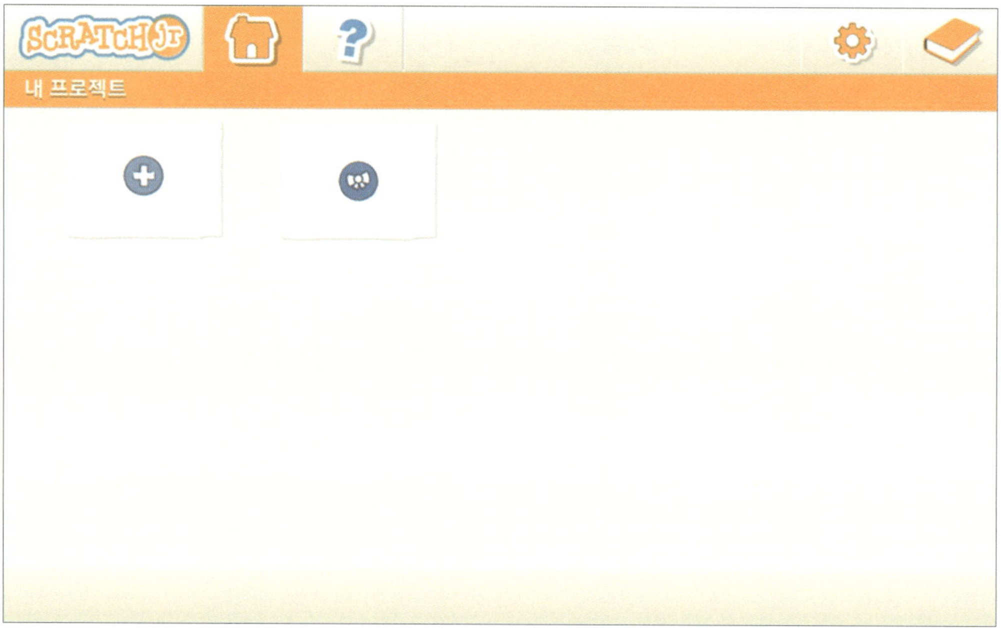

② 스크래치 주니어 만들기 화면에 어떤 것들이 있는지 살펴보세요.

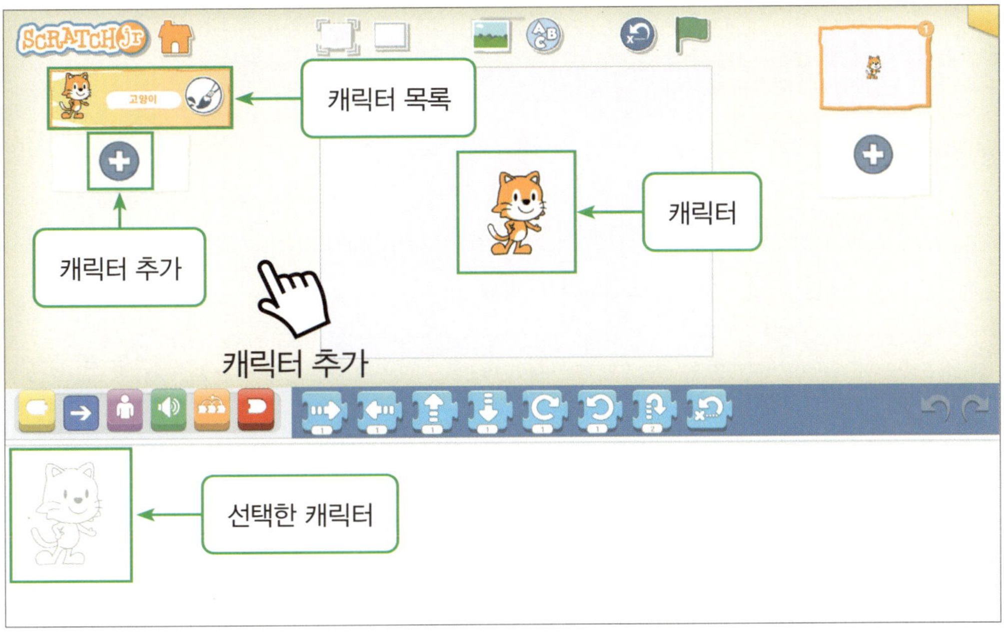

③ ⊕ 아이콘을 눌러 보세요.

④ 스크래치 주니어 캐릭터 추가하기 화면에 어떤 것들이 있는지 살펴보세요.

5 원하는 캐릭터를 고른 다음에, ✓ 아이콘을 눌러서 스크래치 화면에 캐릭터를 추가합니다.

2 캐릭터 편집하기

◆ 그림편집기로 캐릭터의 모습을 바꿔보아요

1 캐릭터를 고른 다음, 아이콘을 눌러보세요.

2 스크래치 주니어 그림 편집하기 화면에 어떤 것들이 있는지 살펴보세요.

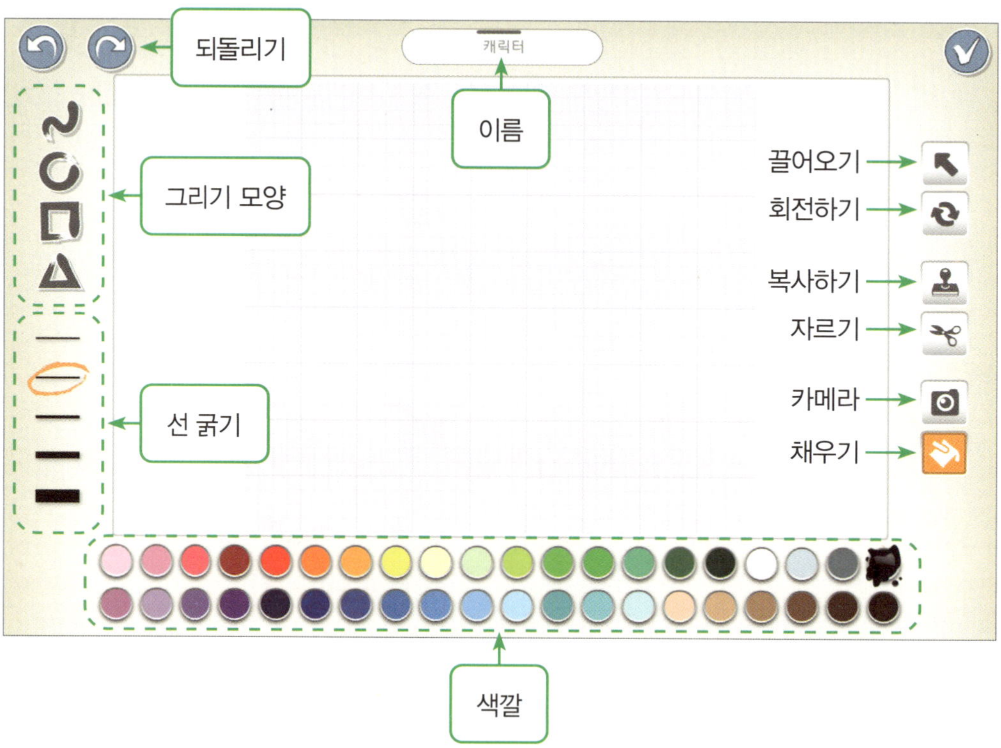

3 그리기 모양에서 ∾ 아이콘을 누르고, 원하는 선의 굵기와 색깔을 선택한 다음에 캐릭터에 그림을 그려서 꾸며 보세요.

✚ 그림을 실수로 잘못 그린 경우는 '되돌리기' 버튼을 누르면 이전 단계로 돌아갈 수 있습니다.

◆ 나만의 캐릭터를 만들어 보아요

1 나만의 캐릭터를 그려 보세요.

✚ 캐릭터의 이름도 지어 주세요.

❷ 나만의 캐릭터를 그리기 위해서 그림 편집하기 화면에서 어떤 아이콘을 눌러야 할까요? 아래의 편집하기 화면 위에 표시해 보세요.

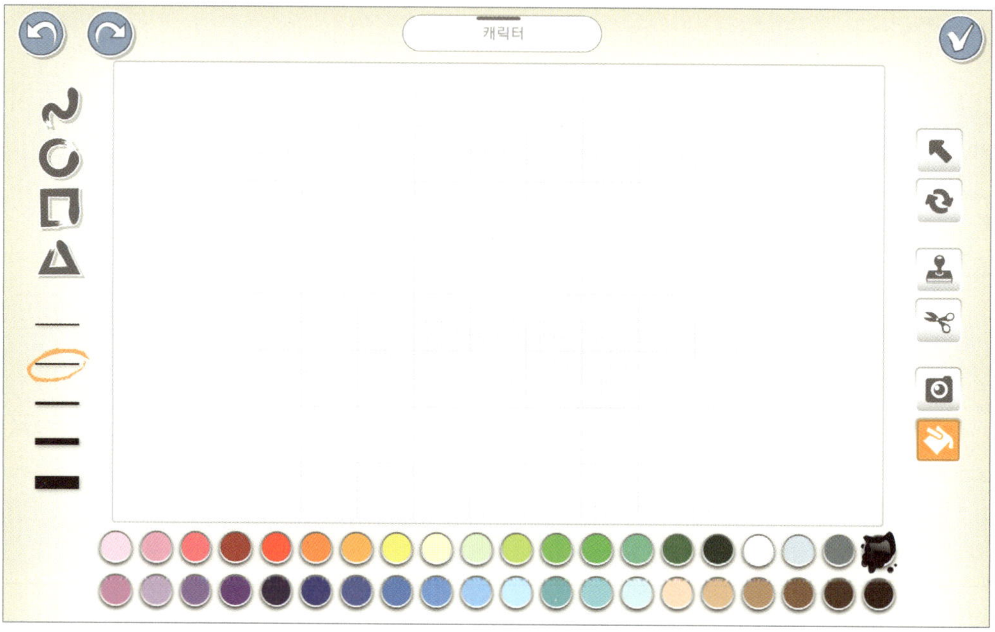

❸ 그림 편집하기 화면에서 나만의 캐릭터를 완성해 보세요.

마무리 퀴즈

캐릭터를 추가하려면 어떤 아이콘을 눌러야 할까요?

① 

② 

③ 

④ 

캐릭터를 편집하려면 어떤 아이콘을 눌러야 할까요?

① 

② 

③ 

④ 

Quest 5 이렇게 작동한다고?

그러면 이제 코딩을 하기 전에 프로그램의 구조에 대해서 알아보도록 하지. 프로그램을 코딩하려면 프로그램의 구조를 알아야겠지.
프로그램의 구조요?
프로그램을 구해줘야 하나요?
위험한 사람을 구해주는 구조가 아니라 프로그램이 이루어진 모양을 말하는 거란다.
우리가 프로그램을 코딩할 때 어떻게 작동하는지 일이 처리되는 과정이나 흐름을 나타내는 것이지.
슉
슉
슉
아하~
그러면 프로그램의 구조라는 것이 종류가 많을까요?
딱 세 가지만 알면 된단다. 그 어떤 프로그램이든 이 세 가지를 가지고 모아서 만들거든.
툭!
프로그램의 구조는 순차구조, 반복구조, 선택구조가 있단다!
순차구조
시작
명령1
명령2
명령3
끝
반복구조
시작
명령1
명령2
명령3
선택구조
시작
선택
명령1
명령2
끝
이게 뭐지... 여긴 어디... 난 누구?
기다려봐. 교수님께서 다 설명해주실거야!
그쵸?
하하. 같이 한번 알아볼까?
퐁
퐁
퐁
퐁!

Quest 05 이렇게 작동한다고?

1 순차구조 익히기

+ 순차는 순서대로 한다는 뜻이에요

◆ 순서대로 해요

여러분들이 생활 속에서 순서대로 하는 것에는 어떤 것들이 있나요?

학교 가는 준비를 하는 모습을 순서대로 정리해 봅시다. 아래 그림의 빈칸에 순서대로 1부터 6까지 숫자를 써 주세요.

	일어난다.		교실에 도착한다.

	양치와 세수를 한다.		학교로 간다.

	아침을 먹는다.		옷을 갈아 입는다.

빈칸에 알맞은 말을 순서대로 넣어 학교 가는 모습을 순차 구조로 정리해 봅시다.

일어난다.
↓
↓
↓
↓
학교로 간다.
↓

2 반복구조 익히기

◆ 같은 행동을 여러 번 해요

여러분들이 생활 속에서 똑같은 행동을 여러 번 한 적이 있나요?

내가 걷는 모습을 떠올려 보세요. 왼발을 먼저 내딛고, 오른발을 내딛고, 다시 왼발을 내딛고, 오른발을 내딛고……. 양발을 반복해서 내딛으면서 걸어가지요.

✚ 반복은 같은 행동을 여러 번 한다는 뜻이에요.

빈 칸에 알맞을 말을 써서 걷는 모습을 순차 구조로 정리해 봅시다.

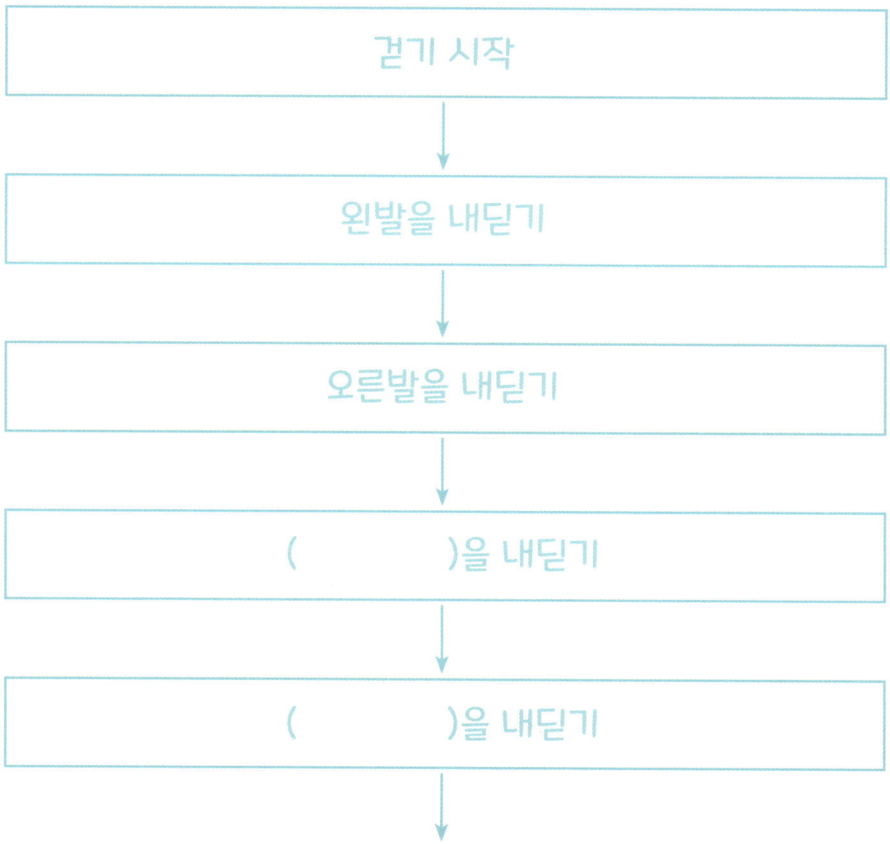

순차 구조로 정리하다 보니 같은 말이 계속 반복되는 게 보이시나요? 이걸 반복 구조로 간단하게 정리하면 아래와 같이 정리할 수 있습니다.

✚ 순차 구조와 달리 반복 구조로 정리했을 때 좋은 점이 무엇일까요?

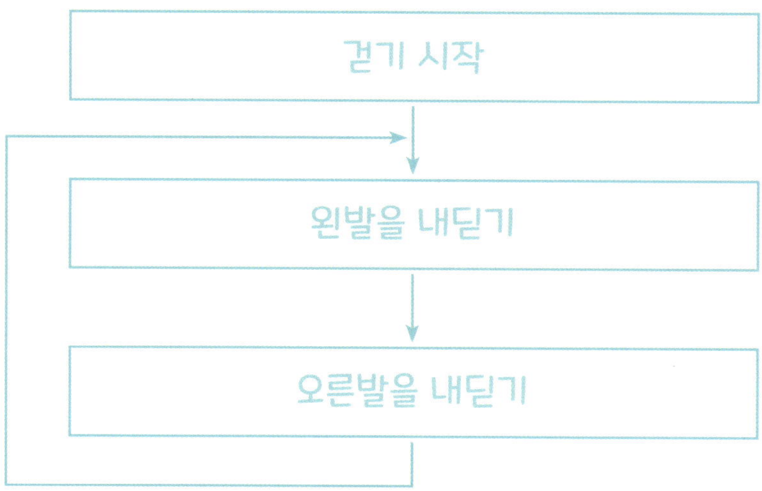

걷기 말고 우리가 생활 속에서 만날 수 있는 반복에는 어떤 것이 있을까요? 나의 생각을 적어 보세요.

3 선택구조 익히기

◆ 두 가지 중 하나를 선택해요

우리는 살면서 선택을 합니다. 여러분들이 횡단보도 앞에 있고, 신호등 불이 빨간색일 때는 어떤 선택을 하나요? 신호등 불이 초록색일 때는 어떤 선택을 하나요? 선으로 알맞게 이어 봅시다.

 • • 횡단보도를 건넌다

 • • 횡단보도를 건너지 않는다.

횡단보도에서의 신호등 색깔에 따른 선택을 선택구조로 정리할 수 있습니다.

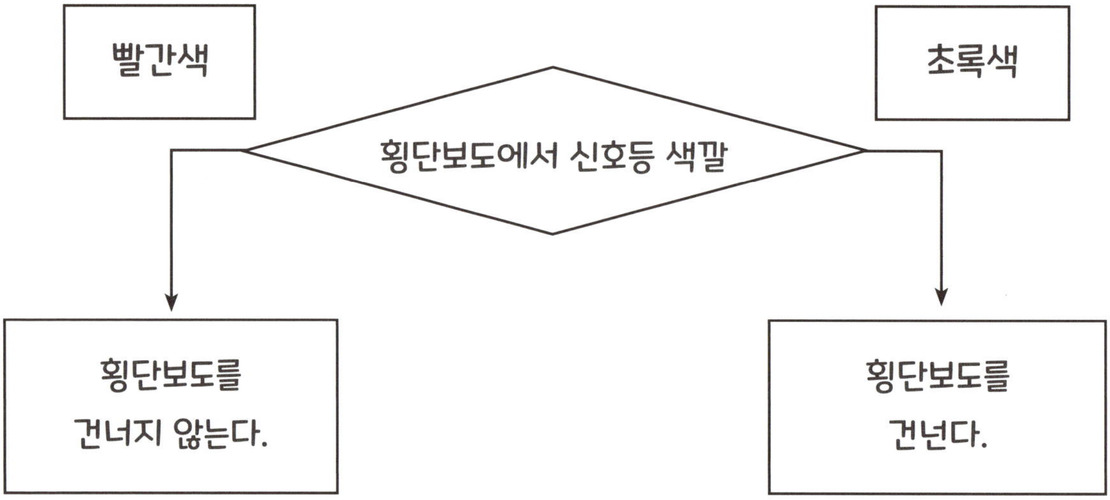

날씨에 따라서 우리는 다른 음료를 마십니다. 더울 때에는 시원한 쥬스를 마시고, 추운 겨울에는 따뜻한 코코아를 마십니다. 빈 칸에 알맞은 말을 써 넣어 날씨에 따라 마시는 음료를 선택 구조로 정리해 봅시다.

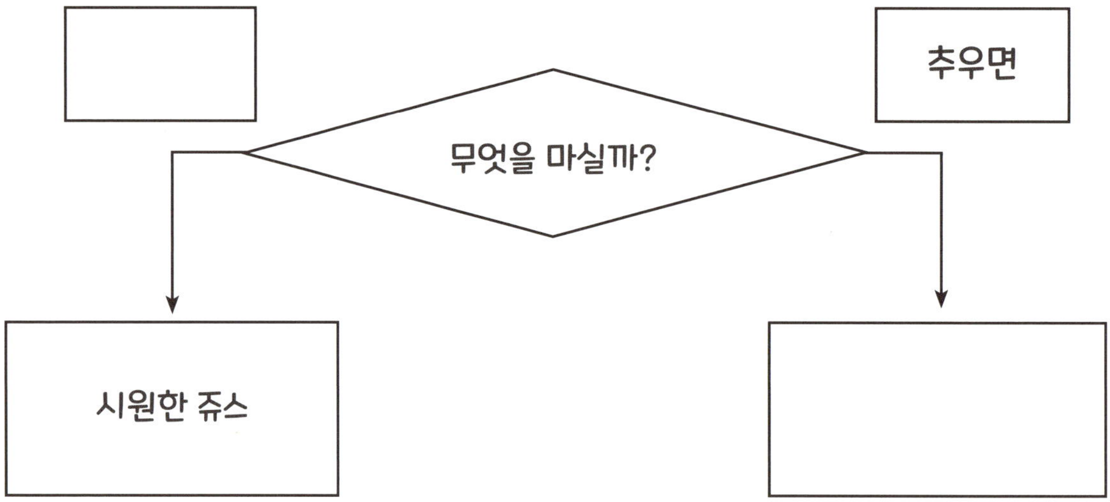

정리 낙서

1. 나만의 순차 구조를 완성해 봅시다.

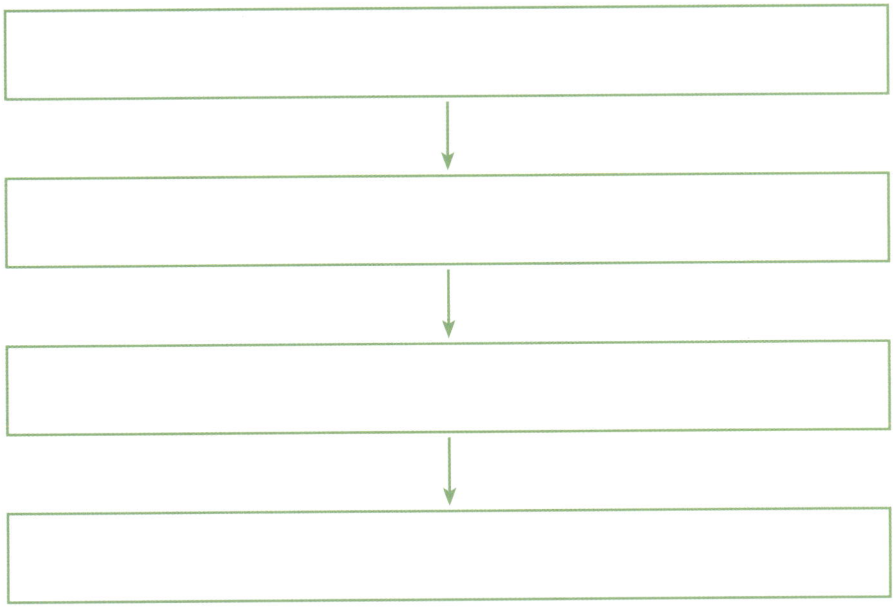

2. 나만의 선택 구조를 완성해 봅시다.

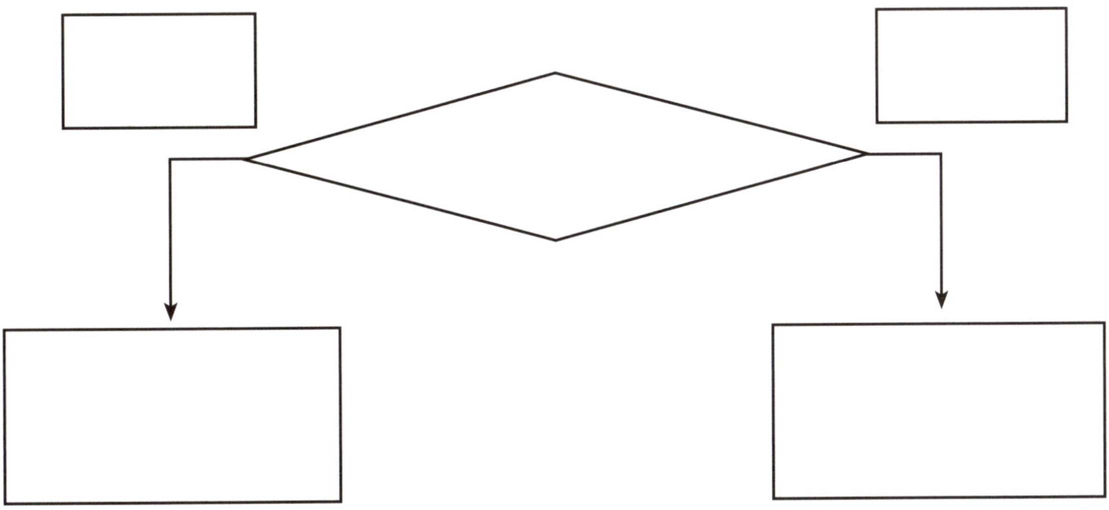

Quest 6 캐릭터를 움직여라

이번에는 지우가 맞단다.
헉!
거봐~
스크래치 주니어는 어린이들도 쉽게 코딩을 할 수 있도록 장난감 블록처럼 만들어서 조립할 수 있게 만든 프로그래밍 언어란다.
톡톡
흥!
으쓱
으쓱
그것도 모르는 멍.청.이.
ㅋㅋ
ㅋㅋ
헐~
멍청이라고!! 거기 서!
지우 살려!
아이쿠~
자, 진정하고 다시 스크래치 주니어를 알아 보자꾸나. 계속 갇혀 있을 수는 없잖니.
휘릭
니야옹~
그러게요. 배도 고프고 빨리 나가고 싶네요.
네, 교수님.
그럼 우리 스크래치 주니어에 어떤 블록들이 있는지, 캐릭터는 어떻게 움직이는지 함께 알아 보자꾸나.
네~
기다려라. 피자, 햄버거 짜장면, 삼겹살! 나가면 다 먹어주마!
꿀꺽

STAGE 2 · 6

Quest 06 캐릭터를 움직여라

1 스크래치 블록 알아보기

◆ 시작 블록을 알아보아요

스크래치 주니어에서 프로그램을 시작하기 위한 블록들을 살펴보세요.

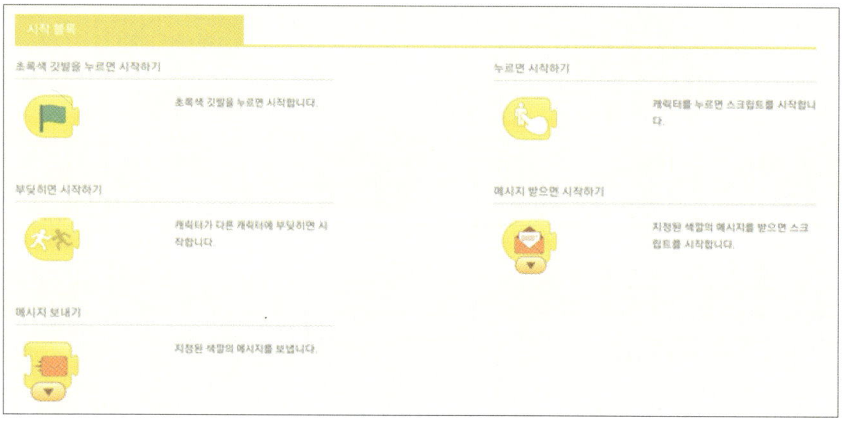

✚ 태블릿 PC에서 스크래치 주니어 아이콘을 클릭해서 스크래치 주니어를 실행합니다.무엇일까요?

◆ 시작 블록을 알아보아요

스크래치 주니어에서 프로그램을 시작하기 위한 블록들을 살펴보세요.

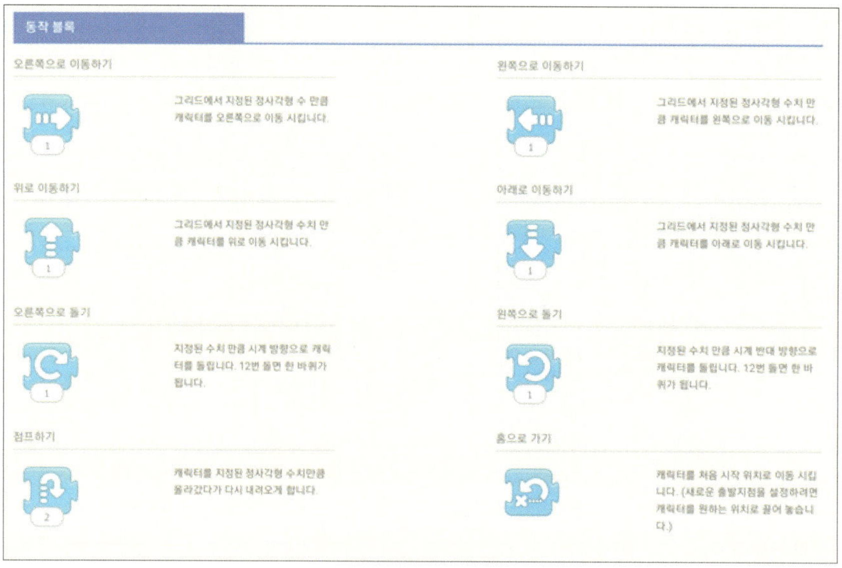

✚ 동작은 움직임을 뜻합니다.

◆ 형태 블록을 알아보아요

스크래치 주니어에서 캐릭터의 모양을 바꾸는 블록들을 살펴보세요.

✚ 형태는 모양을 뜻합니다.

형태 블록

말하기 	캐릭터에 말풍선을 달아 특정한 메시지를 보여줍니다.
키우기 	캐릭터의 크기를 키웁니다.
줄이기 	캐릭터의 크기를 줄입니다.
원래 크기로 	캐릭터가 원래 크기로 돌아옵니다.
숨기기 	캐릭터가 안 보일 때까지 천천히 사라집니다.
보이기 	캐릭터가 완전히 보여질 때까지 점점 뚜렷하게 보입니다.

◆ 소리 블록을 알아보아요

스크래치 주니어에서 소리를 낼 때 쓰는 블록들을 살펴보세요.

소리 블록

팡 	"팡" 소리를 냅니다.
녹음한 소리 재생 	사용자가 녹음한 소리를 재생합니다.

◆ 제어 블록을 알아보아요

스크래치 주니어에서 프로그램을 조절할 때 쓰는 블록들을 살펴보세요.

제어 블록

기다리기 	지정한 시간 동안 스크립트 실행을 중지합니다(0.1초 단위).
정지하기 	모든 캐릭터의 스크립트를 정지합니다.
속도 설정하기 	특정 블록이 실행되는 속도를 변경합니다.
반복하기 	테두리 안에 블록들을 지정된 횟수만큼 반복 실행합니다.

◆ 종료 블록을 알아보아요

스크래치 주니어에서 프로그램을 끝내기 위해 쓰는 블록들을 살펴보세요.

② 스크래치 주니어 캐릭터 움직이기

◆ 시작, 동작, 종료 블록으로 스크래치 주니어 캐릭터를 움직여요.

① 순차 구조로 캐릭터의 움직임

② 시작 블록에서 '초록색 깃발을 누르면 시작하기' 블록을 가져옵니다.

＋ 시작 블록에서 '초록색 깃발을 누르면 시작하기' 블록을 가져오지 않고 코딩을 할 경우, 초록색 깃발을 눌러도 캐릭터가 움직이지 않습니다.

54

3 동작 블록에서 '오른쪽으로 이동하기' 블록을 3개 가져옵니다.

+
오른쪽으로 이동하기 블록에는 숫자 1이 있습니다. 숫자는 몇 칸을 움직일 것인지를 뜻합니다. 숫자 1은 한 칸을 이동한다는 뜻입니다.

4 종료 블록에서 '마무리' 블록을 가져옵니다.

5 초록색 깃발을 눌러 캐릭터의 동작을 확인해 보세요.

◆ 제어 블록으로 스크래치 주니어 캐릭터를 반복해서 움직여요.

① 제어 블록에서 '반복하기' 블록을 가져옵니다.

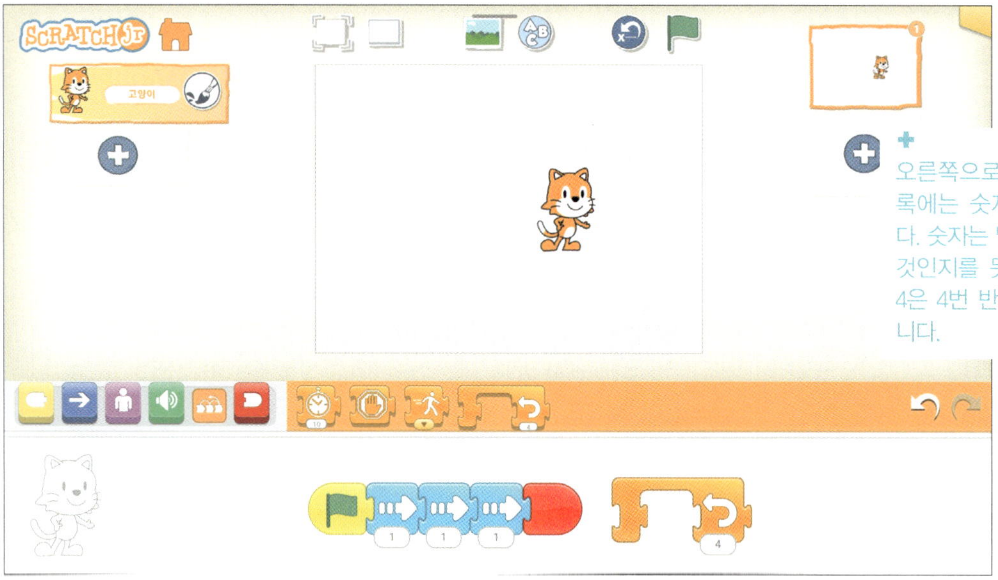

✚ 오른쪽으로 이동하기 블록에는 숫자 4가 있습니다. 숫자는 몇 번을 반복할 것인지를 뜻합니다. 숫자 4은 4번 반복한다는 뜻입니다.

② '오른쪽으로 이동하기' 블록을 하나를 반복하기 블록 안에 끼웁니다.

✚ 나머지 '오른쪽으로 이동하기' 블록은 지웁니다.

③ 반복하기 블록의 숫자 4를, 3으로 바꿔줍니다.

✚ 반복하기 블록의 숫자는 오른쪽에 나오는 키패드를 이용해서 바꿉니다.

56

④ 초록색 깃발을 눌러 캐릭터의 동작을 확인해 보세요. 조금 전과 움직임이 같은가요?

마무리 퀴즈

캐릭터가 오른쪽으로 이동할 때 필요한 블록은 무엇인가요?

① 

② 

③ 

④ 

정리 낙서

캐릭터를 자유롭게 움직여 봅시다. 순차 구조로 정리하고, 블록으로 코딩해 봅시다.

Quest 7 내 소리 들리나요?

지금까지 잘 해왔으니 너희라면 할 수 있을거야.
삼겹살, 피자 햄버거, 짜장면이 기다리고 있지!
너 답다!
불끈!
보안실을 들어가기 위해서는 너희가 스파이처럼 보안 장치들을 피해 몰래 들어가야 한단다.
보안
보안
스파이
보안
스파이요?
바둥
바둥
크크크
너희가 직접 들어가는 것은 아니고, 너희가 만든 캐릭터가 프로그램 속으로 들어가는 것이지.
뿅!
아하 아까처럼 코딩으로 문제를 해결하는 거군요.
힝~
그러면 보안실에 몰래 들어가기 위해 캐릭터가 작동하는 애니메이션을 이제부터 만들어 보자.
톡톡
우아~ 애니메이션!
잉~치키
잉~치키
스파이 잠입 액션 애니메이션이라니 멋진 나에게 딱이군 후후. 뭐, 나란 남자에겐 뭐든 잘 어울리기는 하지만.
으쓱
으쓱
으웩
우선 소리로 작동하는 장치를 해제하기 위해 소리를 쓰는 것부터 배워보자.
아~ 들리나요오~
아~ 들리나요오~
아. 아. 제 소리 들리나요
아이쿠~

STAGE 3 7

Quest 07 내 소리 들리나요?

1 캐릭터 대사 쓰기

◆ 캐릭터 대사를 써 보아요.

+ 시작 블록에서 '초록색 깃발을 누르면 시작하기' 블록에 '말하기' 블록을 연결합니다.

1 형태 블록에서 '말하기' 블록을 가져오세요.

2 '말하기' 블록 아래 상자를 누르고 말할 내용을 쓰세요.

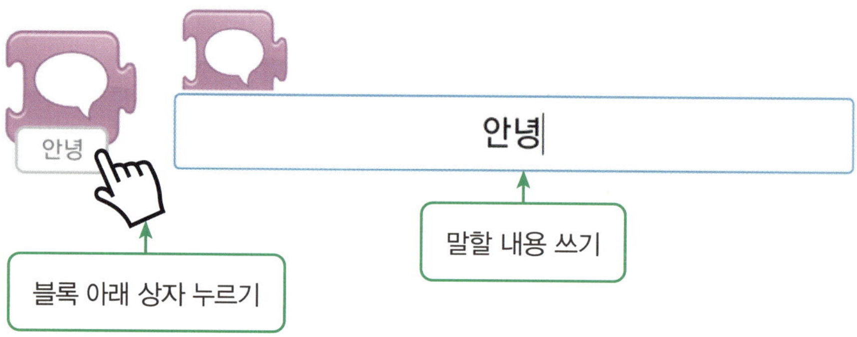

3 초록색 깃발을 눌러 캐릭터가 말하는 모습을 확인하세요.

❷ 소리 넣기

◆ 소리를 넣어 보아요.

❶ 스크래치 주니어에서 소리를 낼 때 쓰는 블록들을 살펴보세요.

❷ 시작 블록에서 '누르면 시작하기' 블록을 가져오세요.

+ 누르면 시작하기' 블록에 코딩을 하면, 캐릭터를 눌렀을 때만 작동합니다.

❸ '누르면 시작하기' 블록에 "퐁'소리' 블록을 연결하세요.

+ '퐁'소리' 블록에 '마무리' 블록을 연결합니다.

❹ 캐릭터를 눌러서 소리가 나는 것을 확인해 보세요.

◆ 소리를 녹음해 보아요.

1 '소리 녹음하여 블록 만들기'를 눌러 보세요.

2 스크래치 주니어에서 소리를 녹음할 때 화면을 살펴보세요.

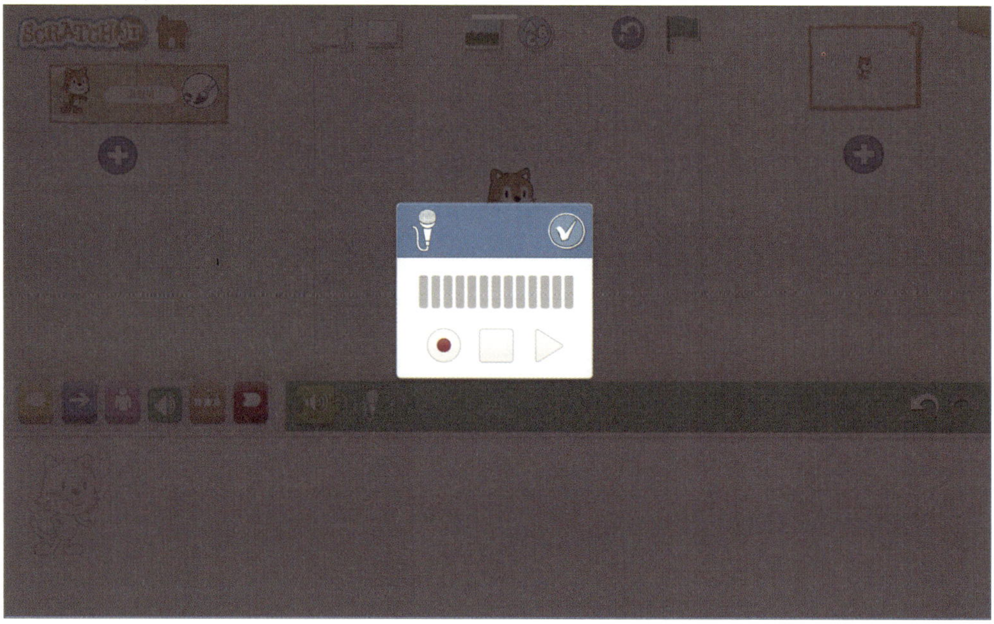

3 '녹음하기' 버튼을 누르고 나만의 효과음을 소리내어 녹음해 보세요.

+ '녹음하기' 버튼을 누르고 나만의 효과음을 소리내어 녹음해 보세요.

4 녹음이 끝나면 '멈추기' 버튼을 눌러 녹음을 멈추세요.

5 '들어보기'를 눌러 녹음을 확인해 봅시다.

+ 녹음된 소리가 마음에 들지 않으면 다시 녹음 하세요.

6 '창 닫기'를 누르면 '녹음한 소리 재생' 블록이 추가된 것을 확인할 수 있습니다.

7 '누르면 시작하기' 블록과 '마무리' 블록에 '녹음한 소리 재생' 블록을 연결하여 봅시다.

8 캐릭터를 눌러서 소리가 나는 것을 확인해 보세요.

3 대사를 말하고 소리 내는 캐릭터 만들기

◆ 나만의 대사를 만들어 보세요.

1 '말하기' 블록 아래 상자를 누르고 캐릭터가 말할 내용을 쓰세요.

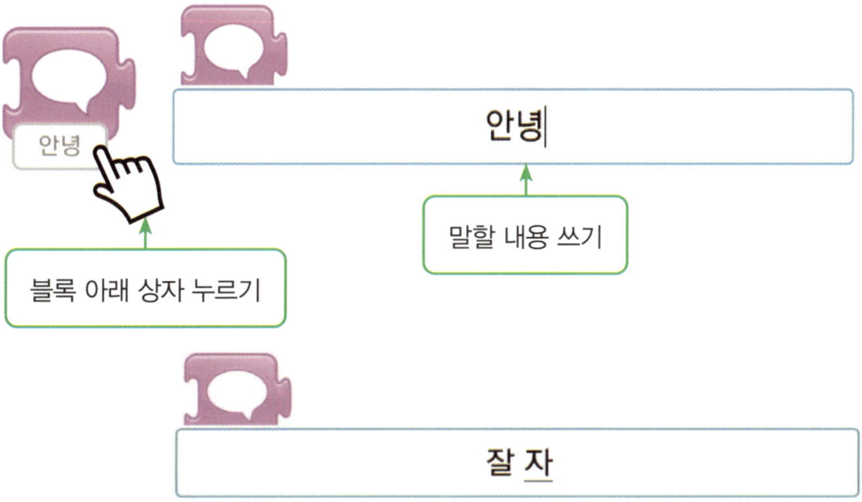

❷ '소리 녹음하여 블록 만들기'를 눌러 캐릭터가 말할 내용을 녹음해 보세요.

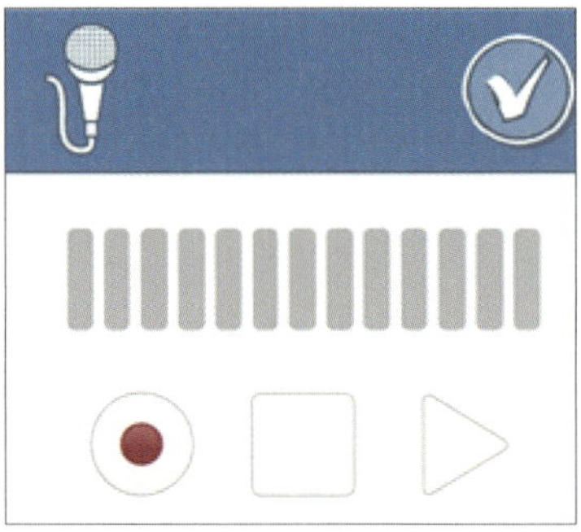

❸ '말하기' 블록과 '녹음한 소리 재생' 블록을 연결해 보세요.

❹ 캐릭터를 눌러서 대사를 말하고 소리 내는 캐릭터를 확인해 보세요.

마무리 퀴즈

소리를 녹음할 때 필요한 블록은 무엇인가요?

① 

② 

③ 

④ 

정리 낙서

내가 만들고 싶은 효과음을 적거나 그려 보세요.

Quest 8 스파이 대작전 1

훗, 스파이라면 당연히 변장술은 필수!
펑~
닌자 스파이! ㅋㅋ
하하. 변장까지는 아니지만 상황에 따라 크기를 바꾸거나 모습을 감출 수 있단다.
…
타핫!
오~ 역시 모습을 감추다니. 내 캐릭터는 '어둠의 다크'처럼 누구에게도 들키지 않을거야.
크기를 바꾸다니 그러면 개미처럼 작아지고 코끼리처럼 커질 수도 있겠다!
요녀석!
거인이다!!
여기
거기에 배경도 넣고 다른 캐릭터들도 넣어서 보안실 잠입 애니메이션을 만들어보자꾸나.
톡 톡톡 톡
폭!
좋아요!
우리만 믿으세요!
비밀을 캐내는
우리는 우주 스파이 갤럭셔리!
저기… 얘들아…

STAGE 3 8

Quest 08 스파이 대작전 1

1 캐릭터 모양 효과 바꾸기

◆ 캐릭터의 크기를 바꿔보세요

1 형태 블록의 캐릭터 효과를 넣는 화면을 살펴보세요.

2 '말하기' 블록 아래 상자를 누르고 말할 내용을 쓰세요.

+ 키우기, 줄이기 이동하기 블록에는 숫자 2가 있습니다. 숫자는 몇 초 동안 움직일 것인지를 뜻합니다. 숫자 2는 2초 동안 커지거나 작아진다는 뜻입니다.

3 초록색 깃발을 눌러 캐릭터가 말하는 모습을 확인하세요.

④ '초록색 깃발을 누르면 시작하기' 블록에 '줄이기' 블록을 연결해보세요.

⑤ 초록색 깃발을 눌러 결과를 확인해 보세요.

⑥ '원래 크기로' 블록은 캐릭터가 처음 크기로 돌아가게 해줍니다. '키우기', '줄이기' 블록에 '원래 크기로' 블록을 연결하여 캐릭터의 크기 변화를 확인해 보세요.

◆ **캐릭터가 사라졌다가 나타나게 해보세요.**

① '초록색 깃발을 누르면 시작하기' 블록에 '숨기기' 블록을 연결해보세요.

② 초록색 깃발을 눌러 결과를 확인해 보세요.

③ '숨기기' 블록에 '보이기' 블록을 연결해보세요.

④ 초록색 깃발을 눌러 결과를 확인해 보세요.

6 '원래 크기로' 블록은 캐릭터가 처음 크기로 돌아가게 해줍니다. '키우기', '줄이기' 블록에 '원래 크기로' 블록을 연결하여 캐릭터의 크기 변화를 확인해 보세요.

◆ **캐릭터가 사라졌다가 나타나게 해보세요.**

1 '초록색 깃발을 누르면 시작하기' 블록에 '숨기기' 블록을 연결해보세요.

2 초록색 깃발을 눌러 결과를 확인해 보세요.

3 '숨기기' 블록에 '보이기' 블록을 연결해보세요.

4 초록색 깃발을 눌러 결과를 확인해 보세요.

◆ 나만의 캐릭터 모양 효과를 만들어 보세요.

❶ 캐릭터 모양 블록을 실행시킬 순서에 맞게 숫자와 선으로 이어 보세요

1 2 3 4 5

+ '숨기기' 블록 다음에 '키우기', '줄이기', '원래 크기로' 블록을 연결시키면 모양의 변화를 확인할 수 없습니다.

❷ 내가 원하는 캐릭터 모양 효과를 순서대로 코딩해 보세요.

2 배경 넣기

◆ 배경을 넣어보세요

❶ 스크래치 주니어 화면에서 '배경' 아이콘을 누르세요.

② 원하는 배경을 고른 다음, 배경 넣기를 누르세요.

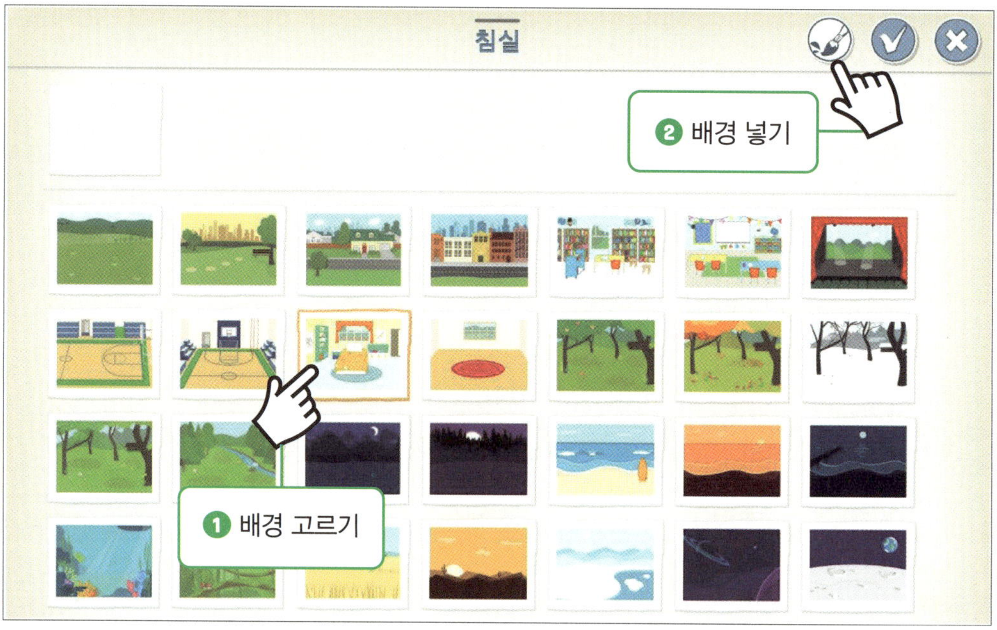

③ 스크래치 주니어 화면에서 새로운 배경이 나타난 것을 확인하세요.

◆ 배경을 그려보세요

1. 스크래치 주니어 화면에서 '배경' 아이콘을 누르세요.
2. 원하는 배경을 고른 다음, '배경 그리기'를 누르세요.

3. 배경 그림편집기 화면을 살펴보세요.

✚ 이전에 캐릭터 그림 편집기 화면을 살펴본 적이 있습니다. 그 화면과 모습이 같습니다.

4 그리기 모양에서 아이콘을 누르고, 원하는 선의 굵기와 색깔을 선택한 다음에 배경에 그림을 그려서 꾸며 보세요.

마무리 퀴즈

배경을 추가하거나 바꾸기 위한 블록을 선택해주세요.

① 

② 

③ 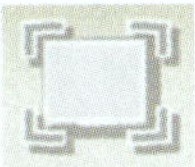

④ 

정리 낙서

나만의 배경을 마음껏 그려보세요.

Quest 9 스파이 대작전 2

뚝!
뚝!
뚝!
휴~
다행이다.
휴~
!
지금 첫 번째로 틀려서 경고가 꺼졌지만 두 번째 부터는 경고가 꺼지지 않을 거란다. 그러면 더 들어가기 힘들어질거야.
교수님 어떡해요~
잉잉. 우리 집에 못 가는 거야?
걱정하지 말아라. 거의 다 왔으니 조금만 더 해보면 될 거다. 아직 한번의 기회가 더 있잖니?
알겠어요! 전 포기하지 않습니다.
엄마가 포기는 김장 셀 때만 쓰는 거라고 했지. 난 포기를 모르는 싸나이!
그러면 그 열정 그대로 다시 도전해보자!
네~
그래. 여기부터

STAGE 3 9

Quest 09 스파이 대작전 2

1 우주로 발사되는 로켓 애니메이션 만들기

◆ 로켓 캐릭터, 우주 배경 가져오기

① 로켓 캐릭터를 가져옵니다.

② 고양이 캐릭터를 없앱니다.

+ 고양이 캐릭터를 선택한 다음에 꾹 눌러서 x를 누르면 고양이 캐릭터를 없앨 수 있습니다.

③ 배경을 우주로 바꿉니다.

\+ 고양이 캐릭터를 선택한 다음에 꾹 눌러서 x를 누르면 고양이 캐릭터를 없앨 수 있습니다.

◆ 로켓에 움직임, 소리 추가하기

① 깃발을 누르면 12초 동안 로켓이 위로 올라가도록 코딩하세요.

② 깃발을 누르면 계속 효과음이 나도록 코딩하세요.

③ 로켓 캐릭터를 살짝 아래로 밀어서 위치하도록 하세요.

④ 초록색 깃발을 눌러 결과를 확인해 보세요.

❷ 우주선에서 내린 고양이와 외계인이 인사하는 애니메이션 만들기

◆ 로켓, 고양이, 외계인 캐릭터, 달 배경 가져오기

❶ 로켓, 고양이, 외계인(텍) 캐릭터를 각각 추가하세요.

❷ 달 배경을 불러오세요.

◆ 로켓, 고양이, 외계인에 움직임 추가하기

❶ 깃발을 누르면 효과음이 나오고 5초 동안 로켓이 내려오도록 코딩하세요.

❷ 로켓이 착륙하면 가려진 고양이가 보이게 하려고 합니다. 로켓에 시작 블록의 '메시지 보내기' 블록을 추가하세요.

❸ 깃발을 누르면 고양이가 가려져 있다가, '메시지 받으면 시작하기' 블록을 이용해서 메시지를 받으면 고양이가 보이게 해주세요.

❹ 고양이가 보이면 5초 동안 오른쪽으로 이동했다가 '안녕'이라는 대사를 말하게끔 하세요.

❺ 고양이가 '안녕'이라고 말하면 이어서 외계인(텍)이 '안녕'이라고 말하게 코딩하려고 합니다. '안녕' 말하기 블록에 시작 블록의 '메시지 보내기' 블록을 추가하세요.

✚ 이때 '메시지 보내기' 블록을 다른 색깔로 바꾸어야 합니다.

6. 고양이의 메시지를 받으면 외계인이 왼쪽으로 5초 동안 이동하고, '안녕'이라는 대사를 말하게끔 코딩하세요.

+ 이때 '메시지 받으면 시작하기' 블록을 고양이가 보낸 메시지 블록과 같은 색깔로 바꾸어야 합니다.

7. 초록색 깃발을 눌러 결과를 확인해 보세요.

2 두 애니메이션 장면 연결하기

◆ 두 애니메이션 장면 연결하기

1. 첫 번째 장면은 로켓이 우주로 발사되는 애니메이션입니다. 두 번째 장면은 우주선에서 내린 고양이와 외계인이 인사하는 애니메이션입니다. 깃발을 클릭했을 때 첫 번째 장면이 나오고, 바로 두 번째 장면으로 이어지려면 첫 번째 장면의 로켓에 코딩한 블록을 살짝 바꿔야 합니다. 종료 블록의 '마무리' 블록을 없애고, '페이지로 이동하기' 블록을 대신 가져오세요.

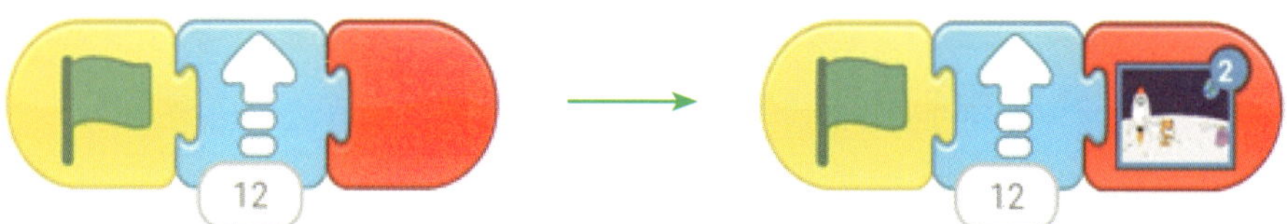

2. 초록색 깃발을 눌러 결과를 확인해 보세요.

마무리 퀴즈

이 '메시지 보내기' 블록과 연결이 되는 '메시지 받으면 시작하기' 블록을 고르세요.

① 

② 

③ 

④ 

정리 낙서

애니메이션에 추가하고 싶은 장면을 4컷 만화로 그려 보세요.

Quest 10 내 친구는 어디에?

교수님, 이제 저희가 어떻게 하면 보안이 해제 될까요?
보안 해제
보안실 컴퓨터의 보안 프로그램을 확인해 봐야겠구나.
요 컴퓨턴가?
윙~
윙~
앗!
뭐야 깜짝 놀랐잖아! 무슨 일인데?
후다닥
나 너무 급해서 화장실 좀! 너무 참았어~
뿡!
후다닥
뿌-웅
저걸… 콱! 그냥!
으이그. 그럼 그렇지. 그런데 어디로 간거야?
R&D센터에는 카메라가 여러 곳에 있어서 보안실에서 화면을 볼 수 있단다. 지우를 금방 찾을 수 있을거야.
어딨지?
교수님! 지우가 안 보여요. 사라졌어요. 어떻하죠?
훌쩍
훌쩍
음… 그러면 친구를 찾는 프로그램을 만들어 봐야겠구나.

STAGE 4

Quest 10 내 친구는 어디에?

1 무대 만들기

◆ 고양이 지우기

✚ 캐릭터를 꾸욱 1초이상 눌러 주세요.

◆ 무대 불러오기 → '도서관' 불러오기

✚ 연구실과 비슷한 다른 곳을 선택해도 돼요.

◆ 캐릭터 불러오기 → '아이' 불러오기

✚ 자기와 닮은 아이를 선택하세요.

◆ 무대 만들기 완성

② 숨은 친구 만들기 1

◆ 형태 블록 조정하기

을 눌러서  을 크게 만들어요.

을 눌러서  을 작게 만들어요.

◆ 코딩해봐요!

친구가 '커졌다'. '작아졌다.'를 반복해요.

③ 숨은 친구 만들기 2

◆ 형태 블록 조정하기

✚ 화면 패드의 크기에 따라 적절하게 크기를 조절해보세요.

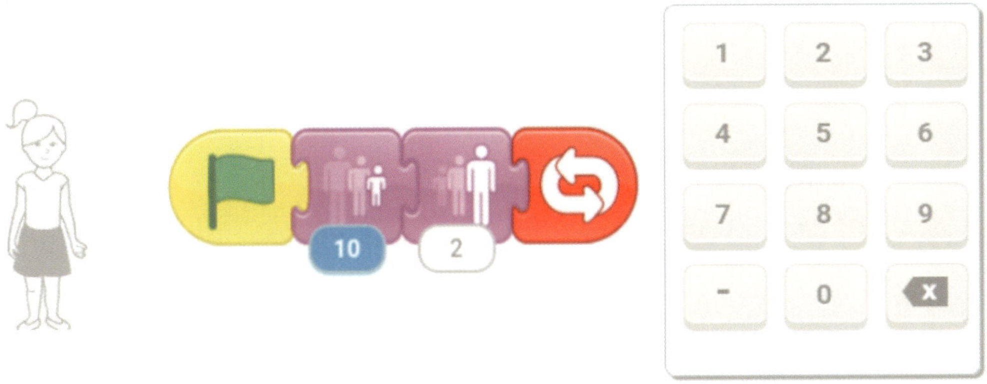

	커지는 블록		작아지는 블록

❶ 숫자패드를 눌러서 줄어드는 크기 조정하기

❷ 커지는 블록은 숫자가 클수록 커지고, 작아지는 블록은 숫자가 클수록 작아져요.

◆ 친구 숨기기

커졌다 작아졌다를 4번 반복하고 숨는 코딩하기

어디 숨었는지 찾아보세요.

④ 숨은 친구 만들기 3

◆ 캐릭터를 누르면 실행하기

를 눌러서 를 불러오세요.

+ 화면의 캐릭터를 터치하면 실행하는 블록이에요.

◆ 코딩해봐요!

친구가 나타나면서 '팝' 소리가 나요.

5 숨은 친구 찾기 게임 완성

◆ 다른 캐릭터 불러오기

다른 캐릭터 불러와서 '아이'에서 작성한 블록을 끌어다 넣으세요.

◆ 게임 실행하기

캐릭터를 터치하면서 게임을 해보세요.

마무리 퀴즈

캐릭터를 누르면 실행하는 명령 블록을 찾아보세요.

1. 
2. 
3. 
4. 

정리 낙서

읽고 해본 내용 중 생각나는 것을 낙서로 마음껏 그려보세요.

Quest 11 별을 잡아라! 1

열쇠요?
어. 그럼 여기 열쇠로 문 열면 나가는 거예요?
딸깍!
뒤적
뒤적
없네?
하하. 물건으로 된 열쇠가 아니라 프로그램으로 된 열쇠라서 보이지 않는단다. 보안실 컴퓨터에 프로그램으로 저장되어 있단다.
컴퓨터를 뜯어야 하나?
하지마…
이익!
하지마…
그래서 열쇠를 얻을 수 있는 프로그램을 만들어보자!
오호~
아, 눈부셔
컴퓨터 속에 열쇠가 숨겨진 프로그램이 별모양 그림으로 표시가 되어 있단다. 그것을 모으는 것부터 시작하면 될 거다.
요래 요래~ 나의 실력을 보여주겠어!
까딱 까딱
나의 예리한 촉으로 다 찾아주지.
콕!
콕!
이글~ 이글~
이글~ 이글~

STAGE 4 · 11

Quest 11 별을 잡아라! 1

1 시작하면 만들기

◆ 시작화면 제목 넣기

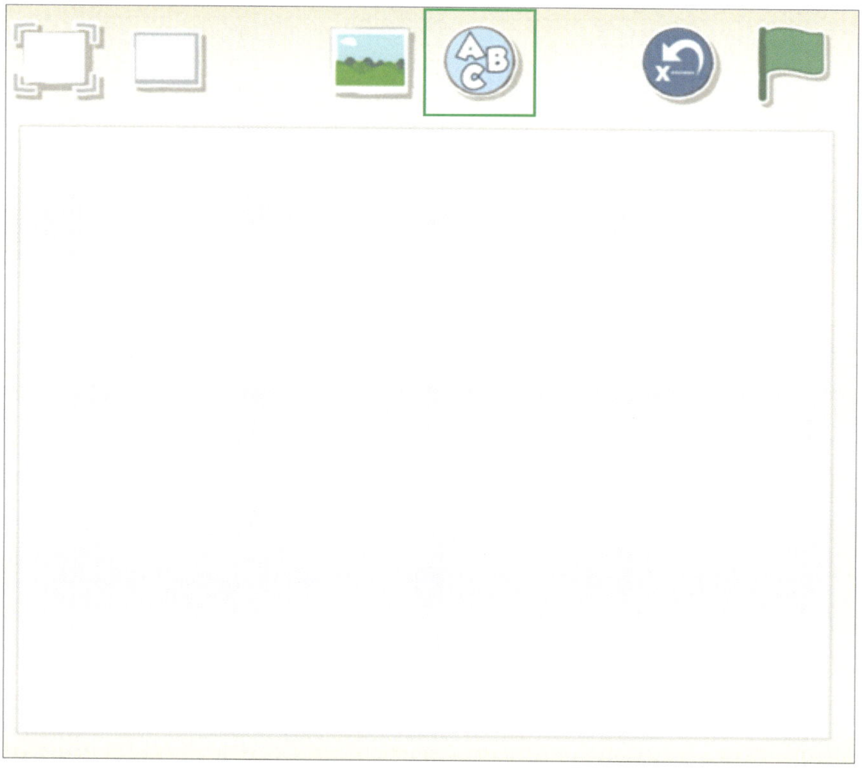

+ 시작화면의 제목을 넣어보세요.

를 누르고 게임 제목을 넣으세요.

글자 크기, 색을 바꾸어 보세요.

✚ 화면 색과 어울리는 예쁜 색을 찾아보세요.

◆ 시작화면 만들기

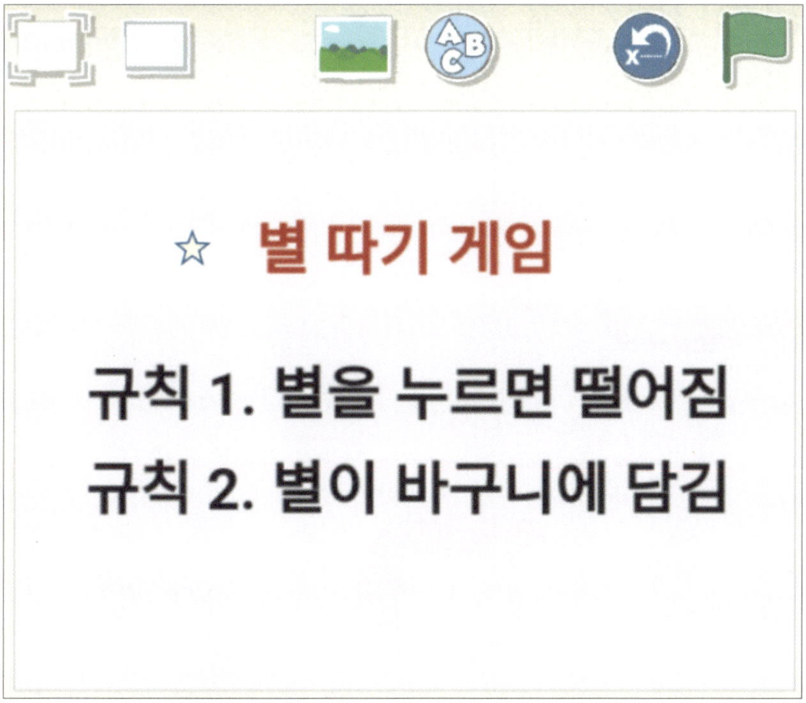

✚ 글자 줄별로 새로 만들기 해야 해요.

◆ 시작화면 코딩하기

'별' 캐릭터 추가하기

다음 장면 만들기

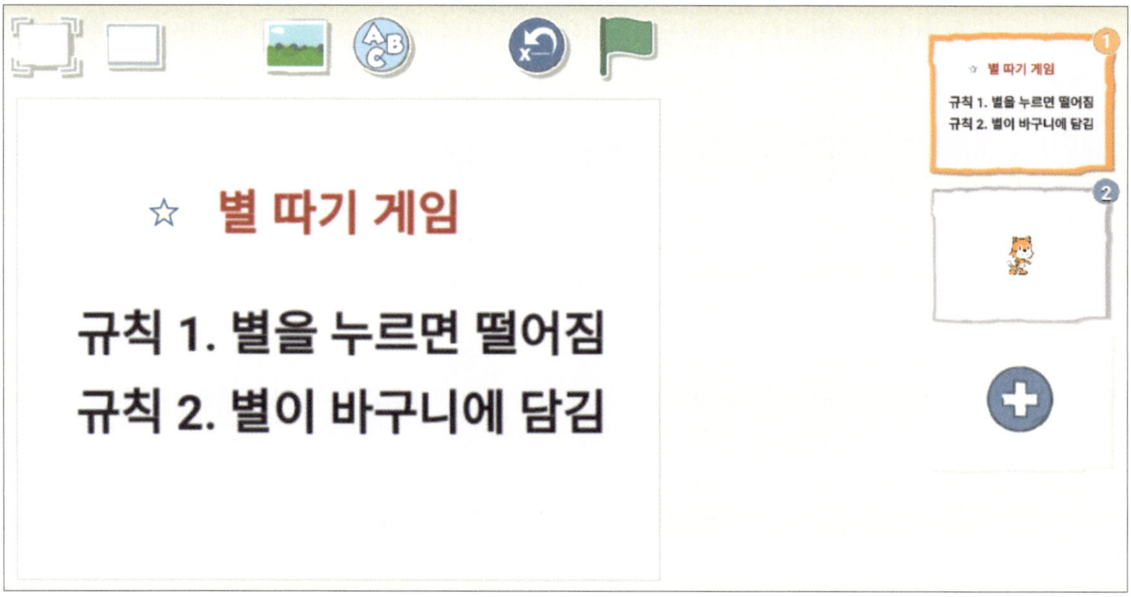

	화면이 열리고 5초 기다림		다음 장면

② 밤하늘 만들기

◆ 다음 장면 만들기

다음 2번 장면을 선택하세요.

✚ 고양이를 꾸욱 2초간 눌러 삭제하세요.

오른쪽 화면에 다음 장면 선택하기

고양이 삭제하기

◆ 다음 장면 만들기

무대에서 '해변의 밤'을 선택하세요.

◆ 밤하늘 만들기

밤하늘에 별을 불러오세요.

별의 크기를 적절하게 조절하세요.

별을 누르면 아래로 내려가도록 하세요.

마무리 퀴즈

캐릭터의 크기를 조절하는 블록은 무엇인가요?

① 

② 

③ 

④ 

정리 낙서

읽고 해본 내용 중 생각나는 것을 낙서로 마음껏 그려보세요.

Quest 12 별을 잡아라! 2

피유우우우웅~
우아~ 된다!
피유우우웅~
어, 근데 이거 별이 그냥 바닥으로 떨어지는데.
교수님, 그러면 이 떨어지는 별들을 어떻게 잡죠?
걱정 말아라. 1단계를 했으니 그 다음 단계를 알려주지.
1단계 → 2단계
떨어지는 것은 담으면 되겠지? 담을 수 있는 바구니를 만들어보자.
뿅!
좋았으~ 다~ 쓸어 담아버리자!
내 배만큼 큰 바구니를 만들자!
톡톡
톡
톡톡
톡
퐁
퐁
퐁
퐁

STAGE 4

Quest 12 별을 잡아라! 2

1 하늘에 별 달기

◆ 밤하늘 만들기

밤하늘에 여러 종류의 별을 불러오세요.

하늘에 단 예쁜 별들이 움직일 수 있도록 코딩을 복사해 넣으세요.

◆ 스크래치 주니어의 별

스크래치 주니어의 별 달기

3가지 종류를 골고루 달아보세요.

2 별 바구니 만들기

◆ 빈 캐릭터에 작성하기

캐릭터 불러오기에서 비어있는 부분을 선택하세요.

캐릭터 불러오기에서 비어있는 부분을 선택하세요.

◆ 편집화면 다루기

편집화면이 복잡하지 않으니 천천히 따라해 보세요.

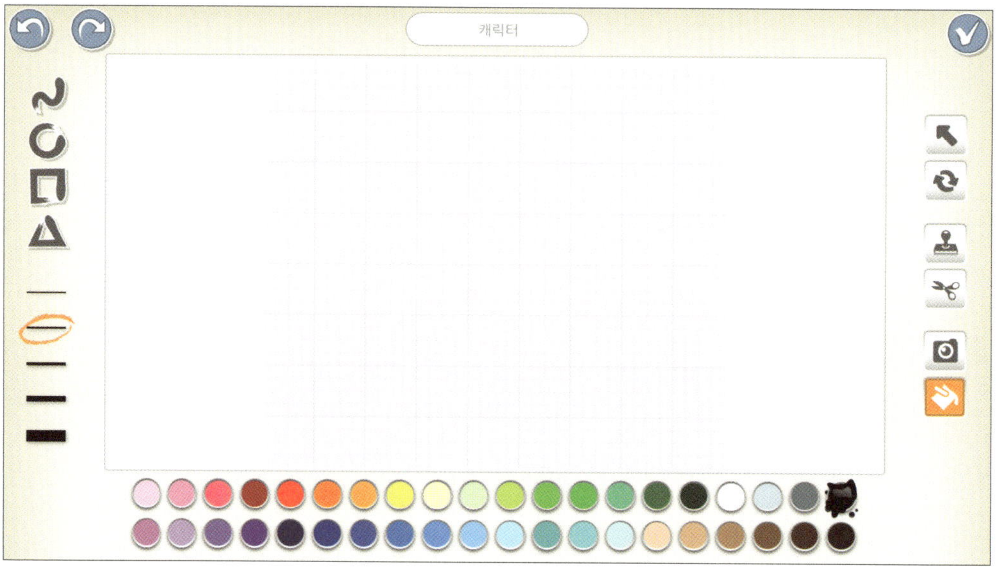

◆ 선모양 선택하기

자유선 형태를 선택하세요.

선의 굵기를 선택하세요.

선의 색깔을 선택하세요.

◆ 바구니 그리기

바구니를 예쁘게 그려보세요.

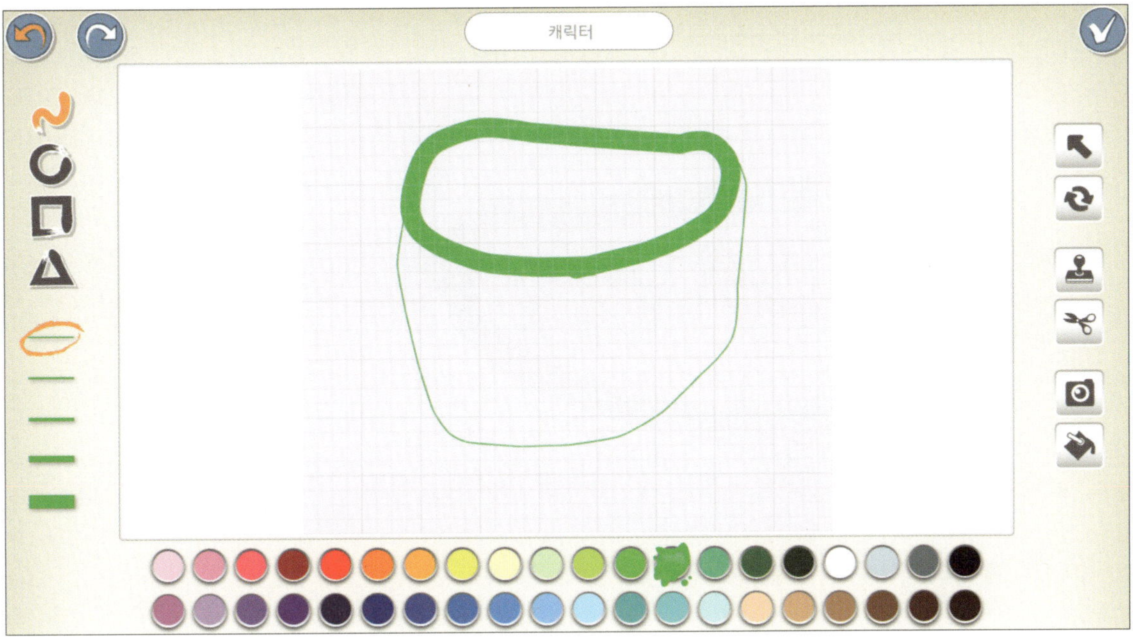

실 모양의 예쁜 바구니를 만들어 보세요.

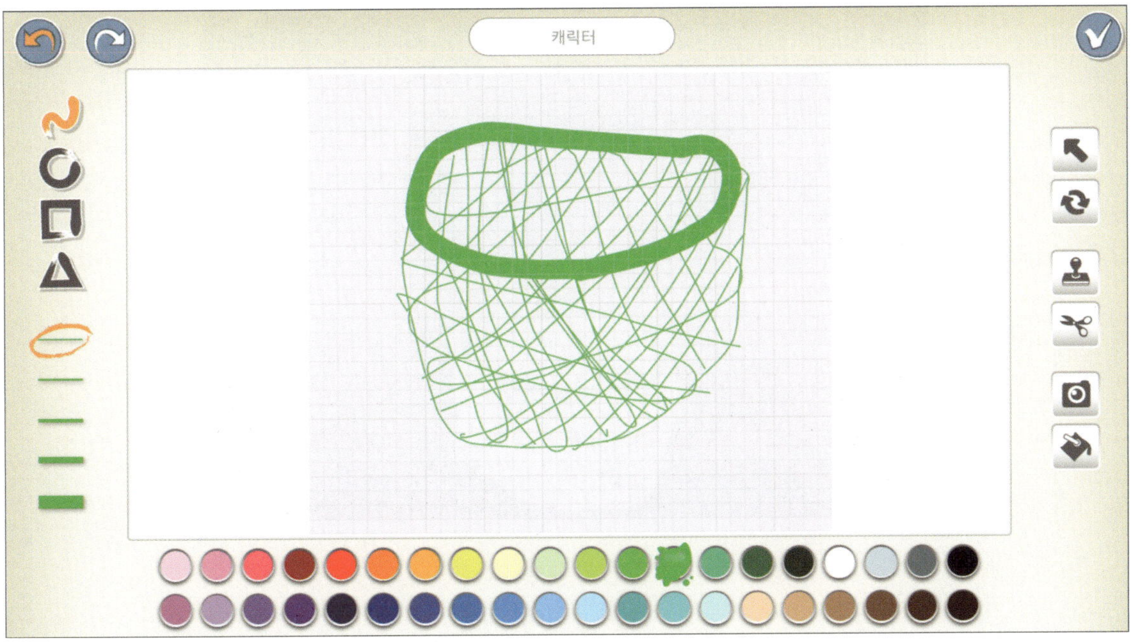

바구니가 완성되면 맨 위쪽에 '바구니' 이름을 바꿔주세요.

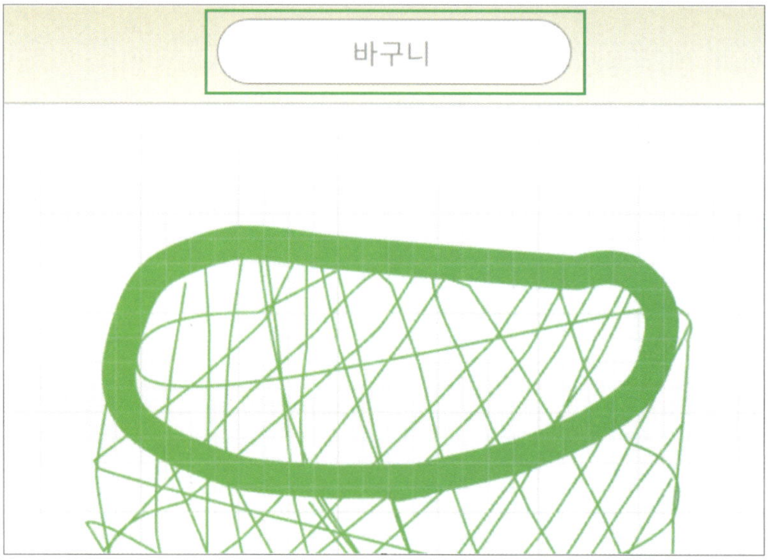

✚ 캐릭터를 만들때마다 이름을 꼭 지어주어야 해요.

바구니를 적절한 곳에 배치해주세요.

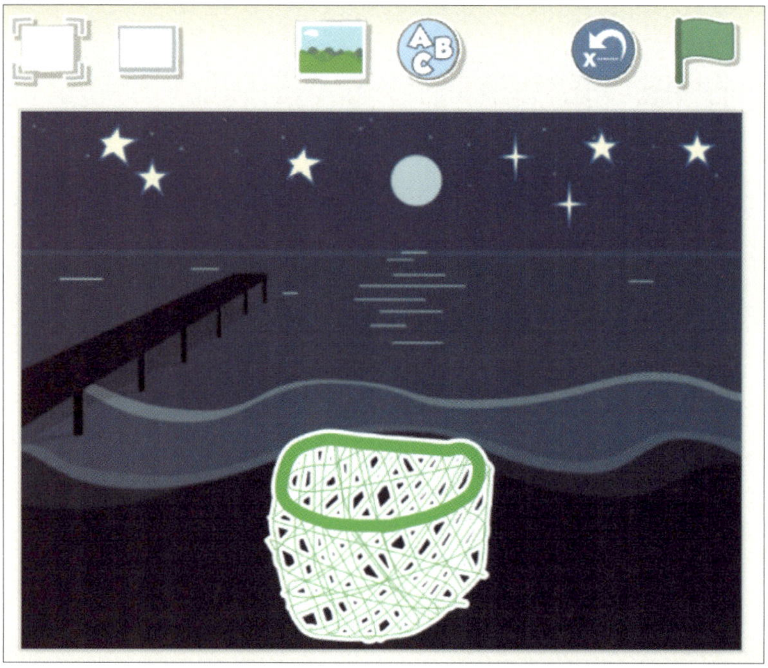

3 별을 바구니에 담기

◆ 하늘 별 코딩하기

첫 번째 별을 코딩하세요.

'신호보내기'를 선택하고 6가지 색깔 중에 노란색을 선택하세요.

✚ 신호보내기는 6개만 할 수 있어요.

'신호보내기'에서 각각의 별마다 다른 색깔을 선택해야 해요

◆ 바구니 별 코딩하기

바구니에 담을 별을 불러오세요.

✚
별이 담기는 효과를 만드는 코딩이예요.

게임이 시작되면 바구니의 별이 사라지도록 하세요.

신호를 받으면 나타나도록 코딩을 추가하세요.

◆ 하늘 별 + 바구니 별 코딩

하늘의 별과 바구니의 별을 각각 코딩해요.

하늘의 별과 바구니의 별을 모두 코딩해야 해요. 전부 12개의 별을 코딩해요.

✚ 하늘에 떨어진 별이 바구니에 담기는 효과예요.

4 게임실행하기

◆ 게임실행하기

게임 첫화면이예요.

✚
제대로 작동하지 않으면 천천히 되짚어보세요.

하늘의 별을 누르면 바구니에 담기도록 코딩을 완성하세요.

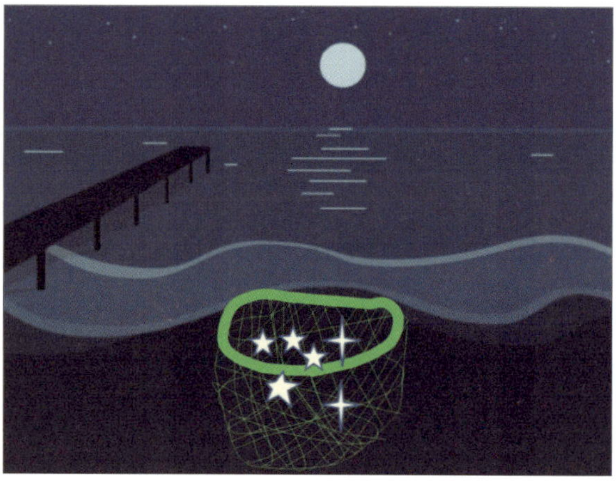

마무리 퀴즈

 다음 신호를 보내면 받을 수 있는 신호받기는 무엇인가요?

① 

② 

③ 

④ 

정리 낙서

읽고 해본 내용 중 생각나는 것을 낙서로 마음껏 그려보세요.

Quest 13 술래잡기 할래?

무슨 일인지 내가 봐야겠다. 화상통화 화면을 모니터로 돌려줄래?
여기요, 교수님!
아니, 저건!
아니! 이건 뭔가 잘못됐는데. 그냥 보안이 걸린 문제가 아닌 것 같다!
네!!!
교수님! 그러면 저희는 어떡하죠?
뭐가 잘못된 거지?
앗! 저게 뭐야!
헐!
얘들아, 아무래도 이 모든 일들은 바이러스 때문에 벌어진 일 같구나. 바이러스를 잡아야 할 것 같다.
바이러스가 뭐죠?
바이러스란, 컴퓨터에 들어가서 작동되지 않게 하거나 망가뜨리도록 만든 나쁜 프로그램이란다.
악성 프로그램
뭐야, 병균 같잖아!
후
이 바이러스라는 게 우릴 여기 가뒀다는 거지. 교수님 빨리 잡으러 가요!
연구실에서 들어온 문 반대편으로 들어가면 서버실이 나온단다. 서버실로 들어가면 바이러스를 찾을 수 있을거다.
바이러스 잡으러 가즈아~
서버실

STAGE 5 ⑬

Quest 13 술래잡기 할래?

1 술래잡기 무대만들기

◆ 술래잡기 무대

무대 불러오기에서 연구실과 가장 닮은 '도서관'을 불러오세요.

열쇠를 찾을 캐릭터를 불러오세요.

＋ 자기와 닮은 캐릭터를 불러오세요.

열쇠에 새겨진 '별' 캐릭터를 불러오세요.

✚
이야기의열쇠를 대신해 '별' 캐릭터가 사용돼요.

◆ 고양이 조정하는 버튼 만들기

새로운 캐릭터 만들기를 누르세요.

새 그림판을 불러왔어요.

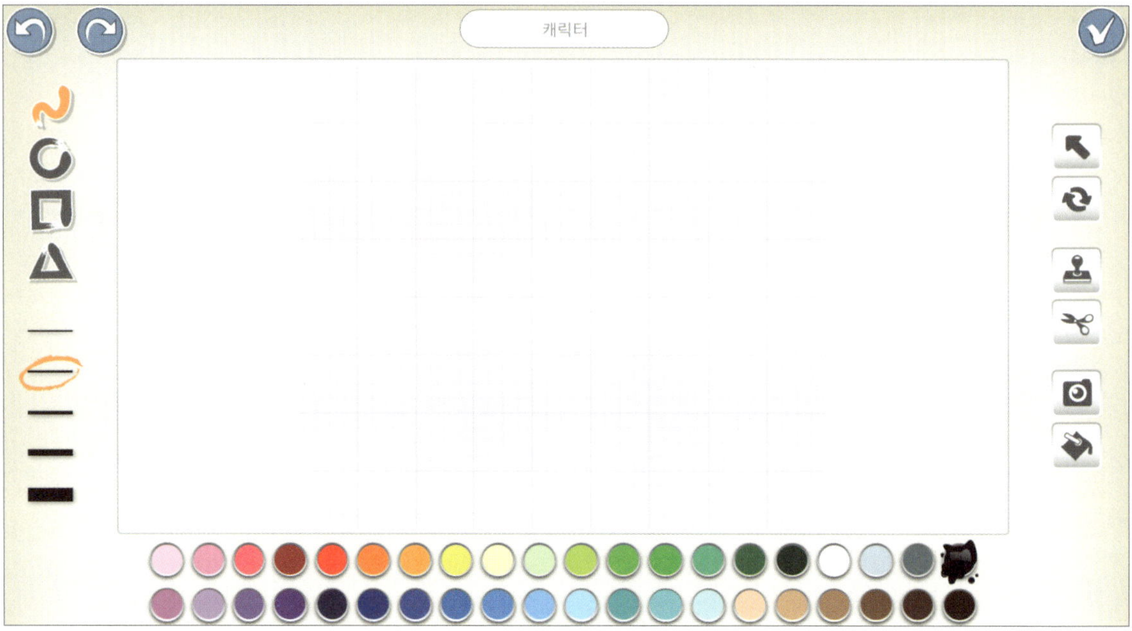

원 모양을 선택하고 가운데 원을 그리세요.

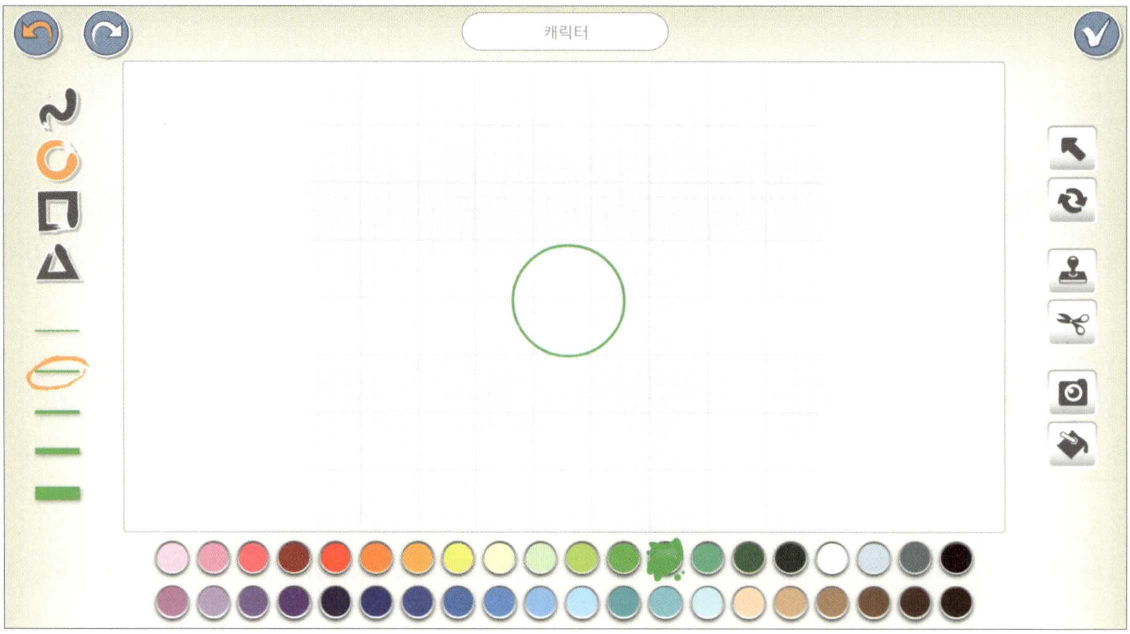

+
원을 너무 크게하면 화면에 가득차서 조정해야 해요.
적절한 크기로 그리세요.

을 누르고 전체 색깔을 칠하세요.

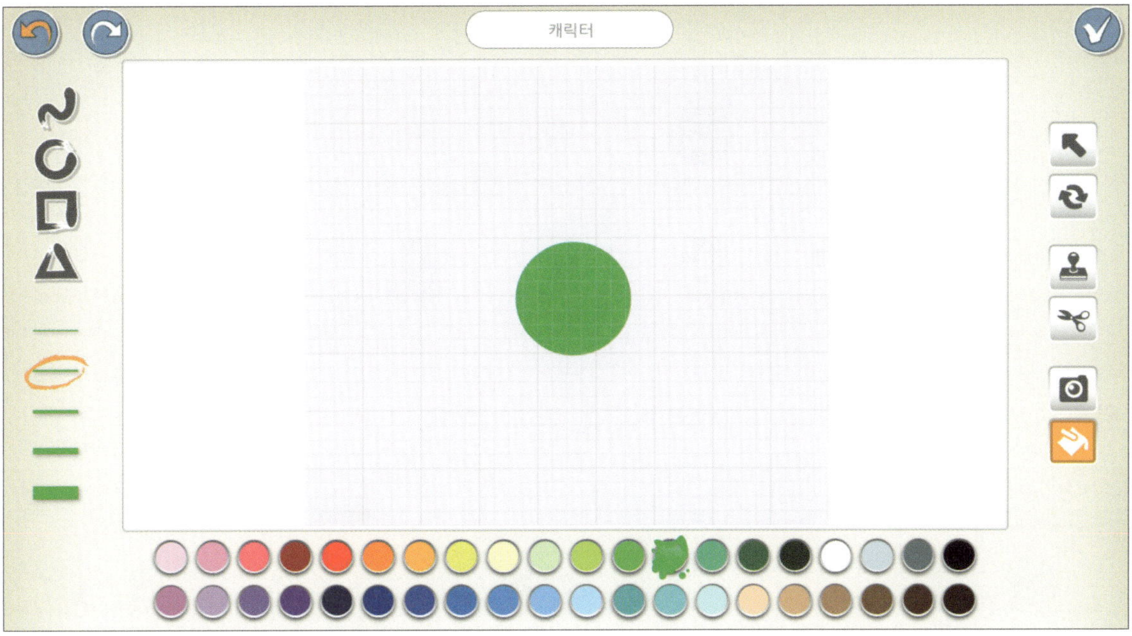

캐릭터 이름을 '위'로 변경하세요.

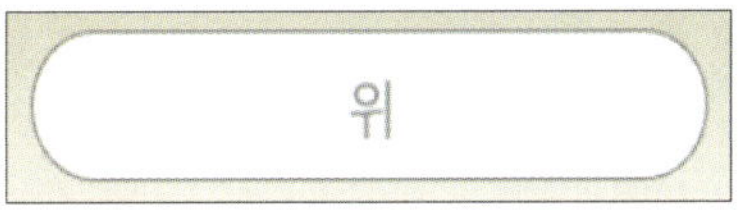

캐릭터를 만들면 반드시 이름을 지어주세요.

적절한 화면의 위치에 옮겨 놓으세요.

'위', '아래', '왼쪽', '오른쪽' 으로 이름을 바꾸어 추가하세요.

'왼쪽', '오른쪽', '위', '아래' 전부 4개의 버튼을 만들었어요.

2 버튼으로 움직이는 아이

◆ 버튼에 신호 보내기 코딩하기

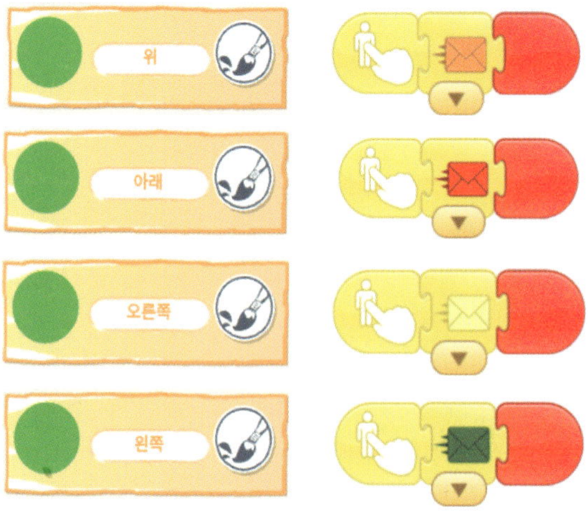

위쪽 버튼을 누르면 신호보내기

위–주황색, 아래–빨강색, 오른쪽–노랑색,
왼쪽–초록색

✚
캐릭터에서 보내는 신호의 색을 잘 기억하세요.

◆ 버튼으로 '아이' 움직이기

'아이' 캐릭터에 아음과 같이 코딩하세요. 신호를 색깔별로 맞추세요.

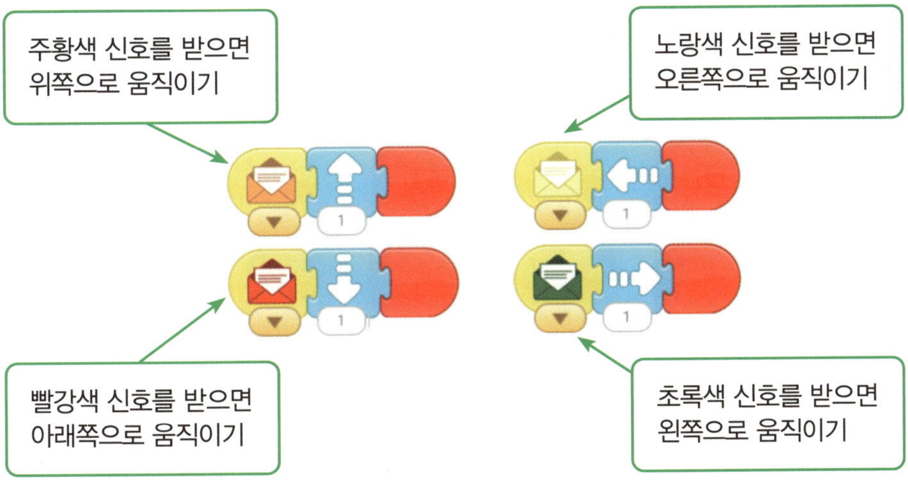

버튼의 위치를 위, 아래, 왼, 오른쪽에 맞추세요.

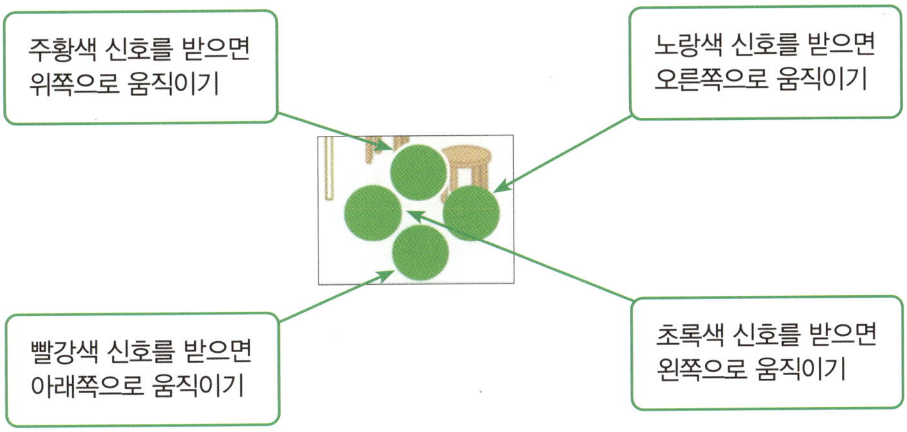

◆ 별 캐릭터 코딩하기

별 캐릭터를 불러와서 코딩하세요.

③ 게임 완성하기

◆ 게임 조작하기

방향키를 움직이면서 게임을 해보세요. '아이'가 '별'에 닿으면 커지면서 게임이 멈춰요.

✚
수정해서 완성해보세요.

마무리 퀴즈

캐릭터가 서로 만나면 명령이 실행되는 블록은 무엇인가요?

① 

② 

③ 

④ 

정리 낙서

읽고 해본 내용 중 생각나는 것을 낙서로 마음껏 그려보세요.

Quest 14 미로탈출 1

터치!
교수님, 여기 꼭 미로 같아요.
터치!
맞아. 나 미로찾기 잘 못하는데.
그래 컴퓨터 속 가상 공간을 그려서 연결하고 거기 숨은 바이러스를 찾아보자꾸나.
그래요? 그럼 우리 미로 그리는 거예요?
그렇지! 미로찾기를 해봅시다! 미로 속에 숨은 바이러스를 찾아볼게요.
슥슥
슥
내가 얼마나 똑똑한지 미로찾기로 보여주겠어! 나 수학 100점이라고~
으쓱
으쓱
수지가 수학100점이라고? 담임선생님인 난 처음 듣는 이야기인데??
뭐... 유치원 때 한번쯤 했을 걸?
크크크
하하. 그래. 유치원 수학 100점 수지도 할 수 있도록 알려주마. 그럼 우리 미로를 만들어볼까?
네!
슥
슥
슥
슥

Quest 14 미로탈출 1

1 미로게임

◆ 미로 게임 알아보기

✚ 다양한 미로를 알아보세요.

미로는 입구를 찾기 힘든 길이에요.

구불 구불, 복잡한 길을 찾는 재미있는 프로그램을 만들어보아요.

수수께끼 같은 프로그램을 만들어보세요.

② 미로 만들기

◆ 꾸불꾸불 미로 만들기

배경 화면을 불러오세요.

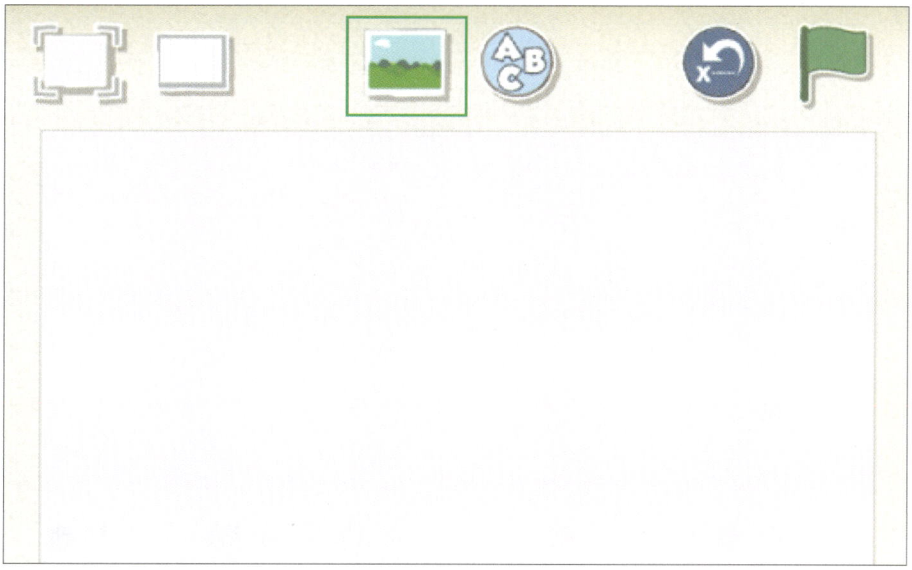

빈 화면을 누르세요.

그림판을 열고 미로를 만드세요.

네모를 누르고, 원하는 색상을 누르세요.

✚
네모 모양이 아닌 다른 모양으로도 만들어보세요.

네모 안에 색깔을 넣기 위해 오른쪽 페인트통을 누르고 네모 안을 누르면 선택된 색깔이 칠해져요.

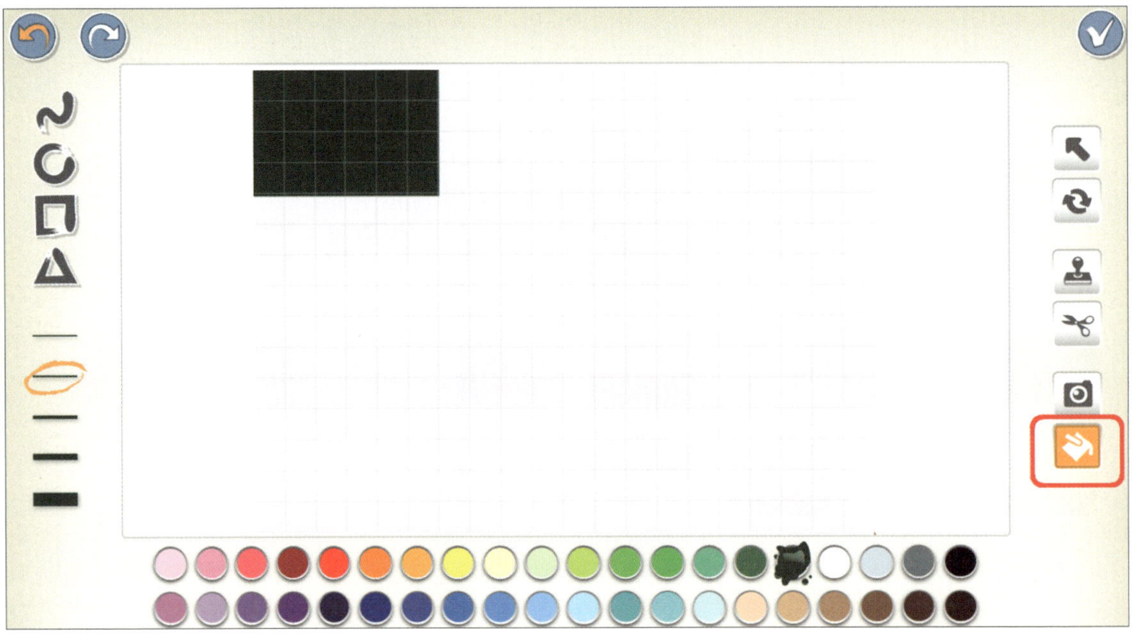

네모 모양으로 만들어가면서 미로를 만드세요.

+
캐릭터가 빠져나갈 수 있도록 공간을 2칸 이상으로 해야 해요.

처음부터 복잡하게 만들지 말고 쉽게 만드세요.

③ 미로 꾸미기

◆ 주인공 캐릭터 불러오기

주인공 캐릭터를 불러오세요. 그림에서는 주인공 '텍'을 선택했어요.

주인공 '텍'의 미로 길을 찾기엔 너무 커요.
시작되면 크기가 작게 시작하도록 해 보세요.

✚ '텍'이 지나갈 수 있는 크기라야 하겠지요?

마무리 퀴즈

복잡한 길, 꾸불꾸불한 길, 찾기 어려운 길을 무엇이라고 하나요?

① 산책로 ② 등교길

③ 미로 ④ 하교길

정리 낙서

읽고 해본 내용 중 생각나는 것을 낙서로 마음껏 그려보세요.

Quest 15 미로탈출 2

그런데 교수님. 이거 안 움직이는데요?
나도
툭툭!
툭!
시무룩~
당연하지. 아직 다 완성이 안됐잖아~
쿨럭
하. 너무 배고프고 힘들다. 언제 나가지.
그러게… 이제 지쳤어.
꼬르륵
꼬르륵~
털썩!
얘들아 조금만 더 힘내자꾸나. 이제 바이러스만 잡으면 끝낼 수 있어.
그래. 얘들아 선생님이 기다리고 있다~
그래. 우리 조금만 더 힘내자!
그래, 수지야 같이 힘내자!
아자!
아자!
우리의 싸움을 여기서 마무리하는 거야. 바이러스 넌 이제 끝났어!
이글~
이글~
투캉!
거기 서!!
투캉!
흐느적
흐느적

STAGE 5 ⑮

Quest 15 미로탈출 2

① 출발점과 도착점 만들기

◆ 시작점 만들기

주인공 캐릭터가 출발해야 하는 지점에 놓으세요.

◆ 도착점 만들기

새로운 캐릭터 만들기로 도착점을 만들어 보세요.

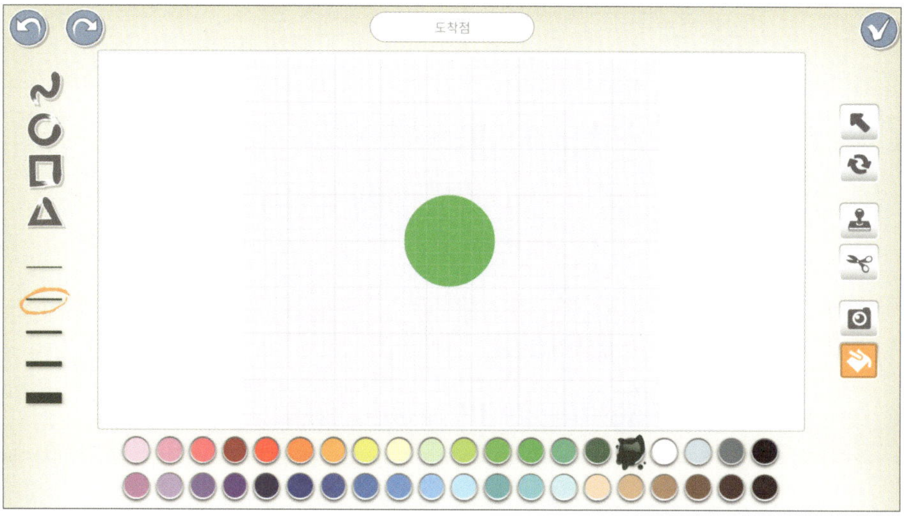

✚ 시작점과 도착점은 반대방향에 두어야 해요.

◆ 도착점 만들기

반대편에 도착 지점을 움직여 주세요.

2 방향키 만들기

◆ 방향키 그리기

그림판을 이용해 방향키를 그리세요. 크기를 화면에 둘 수 있도록 작게 만드세요.

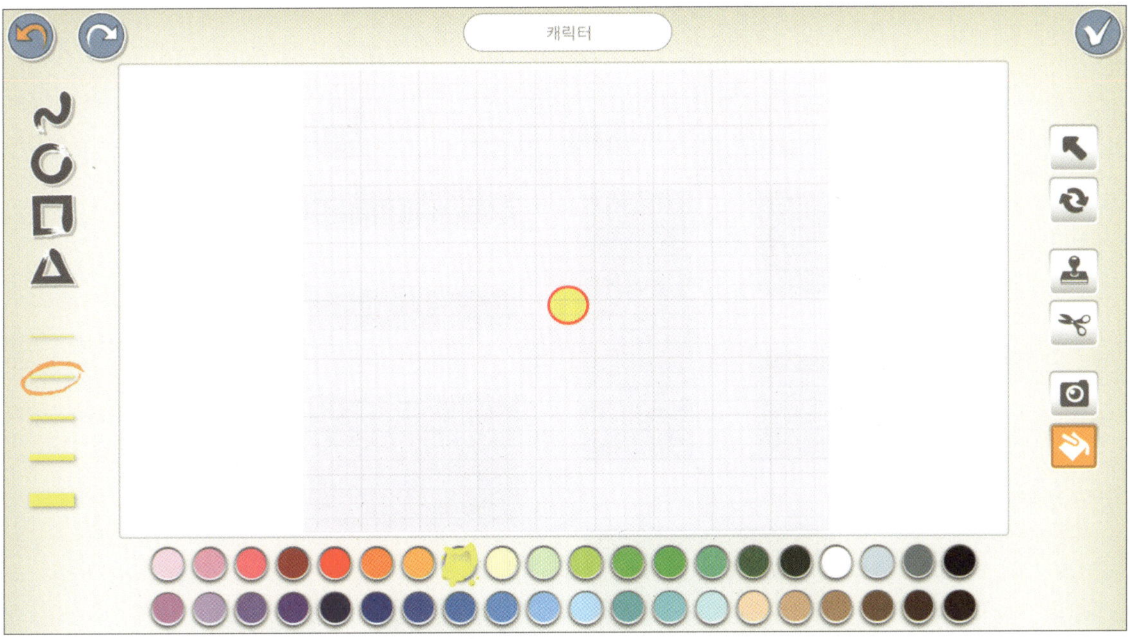

◆ 4방향 방향키 만들기

위, 아래, 왼쪽, 오른쪽 모두 4방향의 키를 만드세요.

캐릭터의 이름을 각각 '위', '아래', '왼쪽', '오른쪽'으로 변경하세요.

✚
4방향의 방향키를 만들어요.

바뀐 캐릭터의 이름대로 방향키를 오른쪽 아래에 움직여 주세요.

◆ 방향키 코딩하기

방향키를 다음과 같이 코딩하세요.

방향에 따라 신호보내기의 색깔을 달리하세요.

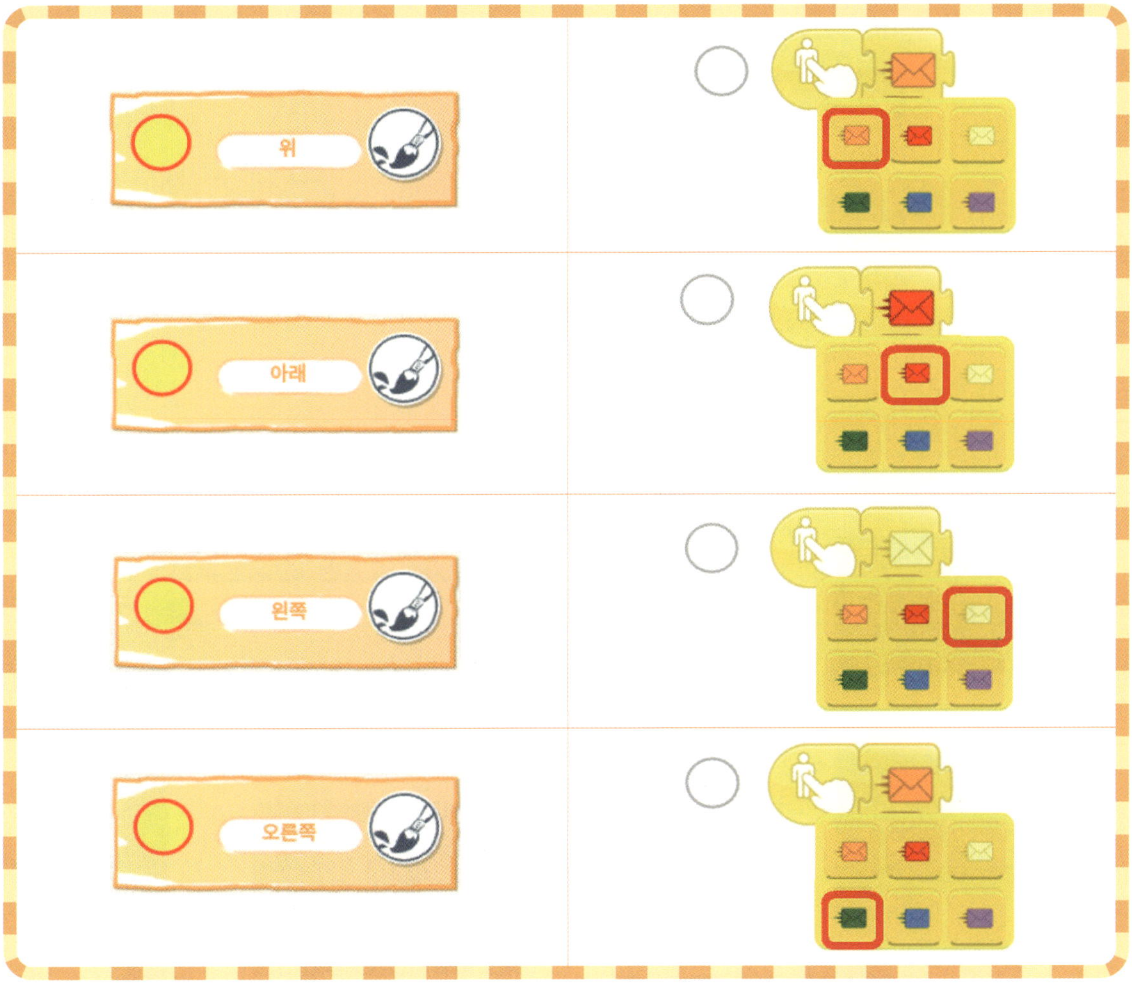

✚
신호보내기는 6가지를 보낼 수 있어요.
색깔을 잘 확인하세요.

3 캐릭터 움직이기

◆ 방향키 신호 받아 움직이기

캐릭터 '텍'을 잘 움직이기 위해 '위', '아래', '왼쪽', '오른쪽' 캐릭터를 잘 연결해야 해요.

+
방향키와 캐릭터 '텍'을 색깔에 맞게 해야 선택하세요.

◆ 열쇠인 '별' 캐릭터 만들기

도착점에 '별' 캐릭터를 불러오세요.

4 도착 효과 만들기

주인공 '텍'이 도착점에 도착하면 별이 나타나는 효과를 만들어 보세요.

◆ 주인공 '텍' 코딩 추가하기

'도착점'과 '텍'이 만나면 파란색 신호를 보냅니다. '주황색', '노랑색', '빨강색', '초록색' 신호는 사용 중이므로 '파랑색'이나 '보라색'만 사용 가능해요.

◆ '별' 효과 만들기

'도착점'과 '텍'이 만나면 파란색 신호를 받아요. '별'이 파란색 신호를 받으면 움직이며 커지도록 하세요.

결승 도착을 축하하듯 '별'이 사방을 다니면서 축하하고 있어요.

✚ 도착 효과가 있어야 게임이 재미있겠죠.

5 게임 완성하기

◆ 주인공 '텍'

'텍'의 코딩을 확인하세요.

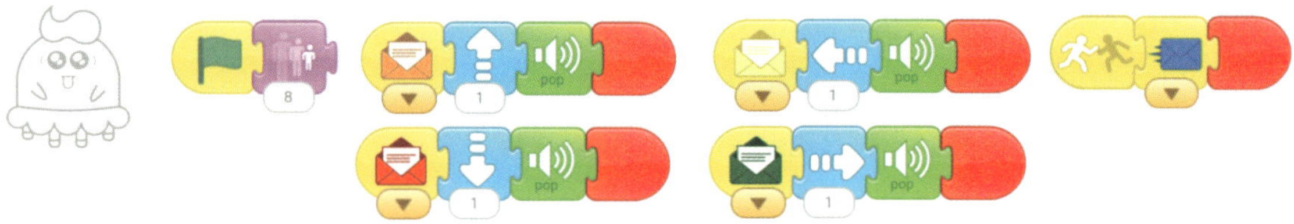

◆ 방향키 '위'

✚
처음엔 잘 작동하지 않더라도 하나씩 교재를 보면서 차근차근 고쳐보세요.

◆ 결승점 '별'

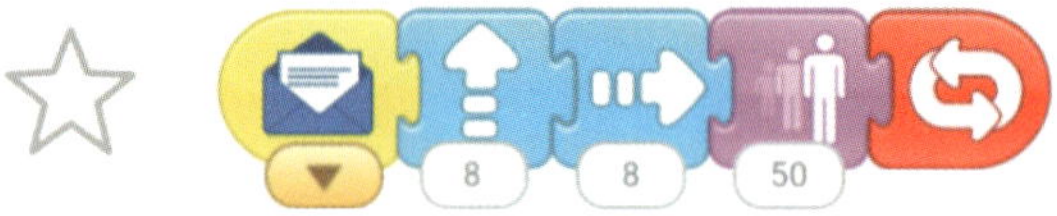

◆ 미로 게임 즐기기

방향키를 움직여 게임을 해보고 잘 안되는 점을 수정해보세요.

✚
재미있는 게임이 만들어질 거예요.

마무리 퀴즈

소리 효과를 내기 위한 블록을 선택해주세요.

❶ 

❷ 

❸ 

❹ 

정리 낙서

읽고 해본 내용 중 생각나는 것을 낙서로 마음껏 그려보세요.

Ending 드디어 탈출!

선생님이 이렇게 보고 싶었던 적은 화장실에 엉덩이가 빠져서 못 나올 때 이후로 처음이었어요.
헐. 넌 니 흑역사를 그렇게 아무렇지도 않게 말하냐?
어려운 일이 있었는데 이렇게 문제를 해결하고 탈출하다니 역시 대단한 학생들이었어.
교수님~ 목소리만 듣다가 얼굴을 처음 뵙네요.
꾸벅
하하하. 그래. 나도 너희랑 이렇게 보게 되서 정말 반갑구나.
교수님 덕분에 나올 수 있었어요. 헤헤.
이히히
그런데 그 바이러스는 어떻게 되었을까요?
음... 아무래도 학교 방화벽을 뚫고 도망을 간 것 같더구나. 빨리 잡아야 할 텐데.
콱!
꽉!
부릉~
부릉~
서버실
띵!
팟!
뭐야, 이거 왜 시작하다가 꺼지지? 에이, 졸린데 내일 다시 해봐야겠다.
팟!
다음에 계속...

스크래치 주니어 jr 퀘스트
이재호 교수의 사고력 코딩

인쇄 : 2023년 8월 22일 초판 1쇄
발행 : 2023년 8월 30일 초판 1쇄

저자 : 이재호, 장준형, 백승욱, 홍윤선

발행인 : 송준
발행처 : 도서출판 홍릉

주 소 : 서울시 강북구 인수봉로 50길 10
전 화 : 02-999-2274~5 **팩 스** : 02-905-6729
e-mail : hongpub@hongpub.co.kr
홈페이지 : www.hongpub.co.kr

편집 진행 : 앤미디어(master@nmediabook.com) | **전산 편집** : 앤미디어 | **표지** : 앤미디어

ISBN : 979-11-5600-127-0(73000)
정 가 : 18,000원

파본이나 잘못된 책은 교환하여 드립니다.